RESTful 자바 웹 서비스 보안

RESTful 자바 웹 서비스 보안

레스트풀 자바 애플리케이션의 보안 취약점과 방어 기술

르네 엔리케 · 안드레 살라자르 지음 | 이일웅 옮김

지은이 소개

르네 엔리케 René Enríquez

인도 소재 다국적 회사에 근무하는 소프트웨어 아키텍트다. 정부와 민간 기업에서 JAAS, 스프링 시큐리티 Spring Security 등의 보안 프레임워크를 사용해 웹, BPM, CMS, 웹 서비스 기반의 다양한 플랫폼을 구축한 경력이 있다. 기술 혁신의 신봉자이며, 서너 개 언어로 프로그래밍이 가능하다. 다음과 같은 분야의 인증 자격을 취득했다.

- 오라클 인증 프로페셔널, 자바 SE6 프로그래머 Oracle Certified Professional, Java SE6 Programmer

- 마이크로소프트 테크놀로지 어소시에이트 Microsoft Technology Associate

- 시스코 네트워크 운영시스템 Cisco Network Operating Systems

지난 수년 동안 정부 기관과 민간 회사의 다양한 프로젝트에서 소프트웨어 컨설턴트로 활약했고, 엔터프라이즈와 모바일 애플리케이션 제작 강의를 했다. 애플리케이션 개발/통합에 관한 모범 사례를 전파하는 전도사 evangelist 이기도 하다.

긴 시간 동안 늘 제 곁에서 사랑과 관심을 보내준 아내와 아들, 항상 제 편을 들어준 형과 무소의 뿔처럼 역경을 헤쳐나가는 모습을 몸소 보여주신 아버지, 늘 제 건강을 걱정하고 격려해주신 어머니, 그리고 언제나 든든한 지원군이 되어준 제 훌륭한 친구들에게 이 책을 바칩니다.

안드레 살라자르 Andrés Salazar C.

에콰도르의 전도 유망한 정부 기관에서 일하고 있으며, JAAS와 디지털 서명 digital signature 기반 보안 기술을 적용하는 업무를 담당하고 있다. 웹 프로젝트의 포괄적인 OAuth 지식을 보유했으며, 신기술과 애자일 Agile 에 심취해 주로 JEE 와 TDD 기술을 활용한 프로젝트에 참여해왔다. 다음과 같은 분야의 인증 자격을 취득했다.

- 오라클 인증 프로페셔널, 자바 SE6 프로그래머
- 인증 스크럼 개발자 Certified Scrum Developer

이 책을 제 가족에게 바칩니다. 학업을 계속해 지금의 소프트웨어 엔지니어가 될 수 있게 관심과 사랑을 아끼지 않으셨던 부모님과 제 스스로 끊임없이 발전할 수 있게 물심양면으로 도와준 누이가 없었다면 이 책과의 인연은 없었을 것입니다. 이 세상에서 가장 강인한 분이신 제 할머니, 마리아나에게 이 책을 헌정합니다. 언제나 듬직한 모습으로 영어 학습을 비롯해 여러모로 도움을 주신 스티브 씨께도 감사의 말씀을 전합니다.

기술 감수자 소개

에릭 아자르 Erik Azar

소프트웨어 전문 개발자로 20년 넘게 시스템 관리, 네트워크 엔지니어링 및 보안, 개발, 아키텍처 등의 분야에서 활동했다. 벤처 기업부터 포춘지 선정 500대 기업에 이르는 여러 회사에서 다양한 포지션으로 근무한 바 있으며, 지금은 플로리다 주 잭슨빌 소재 어베일리티Availity 유한책임회사의 REST API 아키텍트로 근무하고 있다. 리눅스에 심취해 라즈베리 파이Raspberry Pi와 비글 본 블랙BeagleBone Black 기판을 테스트하며 커널 해킹도 즐겨 한다. 시간이 날 때에는 임베디드 마이크로프로세서 플랫폼이나 블루투스 4.0 관련 기술과 RESTful API를 이용한 클라우드 접속 기술에 몰두한다.

이스마일 마모쉬 Ismail Marmoush

자바, 기계 학습Machine Learning 분야의 전문가이며, 오픈 소스 프로젝트 RESTful Boilerplates for IAAS and PAAS(GAE), 인공 신경망artificial neural network 프레임워크, 크롤러/데이터마이너crawlers/dataminers와 몇 가지 언어 코드 예제 등을 발표했다. 그에 관한 자세한 정보는 개인 블로그(http://marmoush.com)에서 확인할 수 있다.

나의 가족과 팩트 출판사 팀에 감사드린다.

디베이시스 로이^{Debasis Roy}

다카^{Dhaka} 소재 비즈아트 방글라데쉬 스포츠 팀에서 팀장 겸 스크럼 마스터 ^{Scrum Master}로 일하고 있다. 7년 동안 자바/C++ 관련 소프트웨어 엔지니어로 일했다.

현재는 비즈아트에서만 6년째 근무 중이다. 에스케닉 콘텐트 엔진/스튜디오 ^{Escenic Content Engine/Studio}라는 명칭으로도 알려진 온라인 스위트^{Online Suite} 개발을 시작으로 지금은 비즈 스포츠^{Viz Sports} 관련 제품 개발을 진행하고 있다. 비즈아 트는 방송 업계에서 쓰이는 실시간 3D 그래픽, 스튜디오 애니메이션, 스포츠 분석, 자산 관리 관련 도구를 판매하는데, 인터랙티브 가상 솔루션, 애니메이 션, 지도, 날씨 예보, 비디오 편집/합성 도구로도 활용된다.

이전에 SDSL/아프리GIS^{AfriGIS} 사에서 2년 동안 근무한 적 있으며, 마르빌 ^{Marbil}/그리드^{Grid} 프로젝트에 참여한 바 있다. 아프리GIS는 지리 정보와 커뮤니 케이션 솔루션 분야의 기술 혁신을 주도하는 기업이다.

옮긴이 소개

이일웅 leeilwoong@gmail.com

10년 넘게 국내 대기업/공공기관 SI 프로젝트에 참여한 웹 개발자이자, RESTful 웹 서비스, OAuth 등으로 타 시스템과 데이터를 연동한 경험이 풍부한 자바 엔지니어다. SCJP, SCJD, SCBCD, SCWCD, CCNA, OCP 자격을 취득했으며, 최근 주목받고 있는 정보 보안 분야에도 관심이 많다. 에이콘출판사에서 출간한 『RESTful 자바 패턴과 실전 응용』(2014년)과 『Jasmine 자바스크립트 테스팅』(2015년)을 번역했다. 두 딸아이에게 좋은 아빠가 되기 위해 언제나 노력하고 있으며 시간이 나면 피아노곡을 연주한다. (개인 홈페이지: http://www.bullion.pe.kr)

옮긴이의 말

최근 잇따른 개인 정보 유출 사고로 인해 사회적으로 보안에 대한 관심이 전례 없이 높아졌습니다. 이를 바꿔 말하면, 이제 더 이상 대기업이나 공공 기관의 애플리케이션 개발자들도 보안에 무지해서는 안 되고, 앞으로 보안을 고려하지 않은 프로그래밍은 있을 수 없다는 것입니다. 그렇지 않아도 빡빡한 개발 일정에, 업무 요구 사항은 수시로 바뀌고 고객은 시스템 성능 문제를 제기하는 마당에, 이제는 보안까지 신경 써야 하느냐고 볼멘소리를 하실 분도 계시겠지만, 개발자라는 직업을 가진 사람에게 그야말로 배움의 끝은 존재하지 않는 것 같습니다.

이 책은 실제 현장에서 리더급 프로그래머가 직접 코드를 보여주며 교육을 시키는 것처럼 친절하게 웹 서비스 보안에 관한 코드를 소개하고 있습니다. 특히, 이 책이 모태로 삼은 RESTEasy 프로젝트의 매뉴얼과 예제 코드를 내려받아 시간을 갖고 분석하다 보면 JAX-RS나 보안 이외에도 현장에서 바로 쓸 수 있는 다양한 지식과 기술을 습득하게 될 것입니다. 비록 이 책이 웹 서비스 보안에 대한 모든 내용을 다루지는 않지만, 독자 여러분으로 하여금 새로운 분야에 대한 관심을 갖게 해, 한 단계 업그레이드된 자바 개발자가 될 수 있게 도와주리라 믿습니다.

좋은 도서의 번역을 맡겨주신 에이콘출판사 여러분, 그리고 매일 밤늦도록 번역하느라 많은 시간을 함께 하지 못한, 사랑하는 제 아내와 두 딸 제이와 솔이에게 미안함과 고마움을 전합니다. 그리고 언제나 저를 걱정하시고 저에 대한 변함없는 믿음을 보내주시는 사랑하는 부모님께 감사의 말씀을 드립니다.

목차

지은이 소개 4

기술 감수자 소개 6

옮긴이 소개 8

옮긴이의 말 9

들어가며 15

1장 개발 환경 세팅   23

툴 내려받기 24

다운로드 링크 24

베이스 프로젝트 만들기 25

첫 번째 기능 예제 30

예제 웹 서비스 테스팅 37

정리 39

2장 웹 서비스 보안의 중요성   41

보안의 중요성 42

보안 관리 옵션 43

인증과 인가 44

인증 45

인가 45

접근 통제 46

전송 계층 보안 47

유저 크리덴셜에 의한 기본 인증 48

다이제스트 인증 54

예를 들어 설명함 55

인증서 인증 60

API 키 65

정리 68

3장   RESTEasy 보안 관리   **69**

대단위/소단위 보안 70

　HTTP 메소드 보안 73

　　HTTP 메소드: POST 75

　　HTTP 메소드: GET 76

　애노테이션을 이용한 소단위 보안 구현 80

　　@RolesAllowed 애노테이션 81

　　@DenyAll 애노테이션 85

　　@PermitAll 애노테이션 85

　프로그래밍으로 구현하는 소단위 보안 86

정리 89

4장   RESTEasy 스켈레톤 키   **91**

OAuth 프로토콜 92

OAuth와 RESTEasy 스켈레톤 키 92

　RESTEasy 스켈레톤 키란 93

　OAuth 2.0 인증 프레임워크 93

　　주요 기능 94

　OAuth 2 구현 95

　　JBoss에서 RESTEasy 모듈 업데이트 95

　　JBoss 설정 파일 셋업 96

　　OAuth 클라이언트 구현 96

보안 관리를 위한 SSO 설정 110

기본 인증 방식의 OAuth 토큰 112

　애플리케이션 실행 115

커스텀 필터 117

　서버 측 필터 118

　클라이언트 측 필터 118

필터의 사용 예...119

정리...126

5장   디지털 서명과 메시지 암호화   127

디지털 서명...128

RESTEasy JAR 파일 업데이트...131

디지털 서명 적용...132

기능 테스트...138

애노테이션을 이용한 디지털 서명 검증...141

메시지 본문 암호화...152

기능 테스트...155

HTTPS 적용...156

기능 테스트...161

정리...165

찾아보기...166

들어가며

웹 서비스 도입에는 언제나 보안이라는 문제가 대두된다. 오늘날 어떤 회사도 완벽하게 고립된 시스템으로 외부와의 정보 공유를 단절한 채 일한다는 건 불가능하지만, 회사 입장에서 정보는 가장 중요한 자산이기도 하다. 개발자는 이러한 상반된 요구를 코딩 시 반영할 수 있어야 한다. 이 책은 여러분이 실제 업무 현장에서 일반적으로 맞닥뜨리게 될 문제의 해법을 직접 손으로 타이핑 해가며 깨우칠 수 있게 안내한다.

과거 SOAP 기반의 웹 서비스는 쓰기 불편한 점들이 많았다. 예를 들어, 프로그래밍 언어와 라이브러리에 의존적인 데이터 타입을 다룰 때, NULL 대신 공백 문자("")를 사용하면 예상치 못한 결과가 나왔다. 또 웹 서비스를 제작하고 이용하는 양측에서 사용하는 라이브러리 버전이 다를 경우, 파일 전송 시 복잡한 객체를 일일이 매핑해야 했고 간혹 골치 아픈 호환성 이슈가 발생하기도 했다. 심지어 자바 언어로 구현된 웹 서비스를 .NET 애플리케이션이 접속하는 경우, 부득이 둘 사이의 어떤 서비스를 자바로 추가 구현해야 할 일도 있었다. 그러나 RESTful 웹 서비스에선 HTTP 메소드 호출로 모든 기능을 이용할 수 있으니 그럴 일이 없다.

그간 보안 업계 전문가들은 정보 보호에 도움이 될 만한, 여러 가지 재미있는 장치들을 고안했다. 여러분은 인증authentication과 인가authorization의 개념을 이해하고 보안에 문제가 없는 애플리케이션을 구현할 수 있도록 그들이 고안한 장치들을 익히고 실무에 적용할 줄 알아야 한다. 어떤 방법을 택할지는 각자가 처한 상황이나 해결해야 할 문제의 성격에 따라 다르며, 본문에서 시나리오별로 상세한 실례를 다룰 것이다.

나는 지금까지 대기업 프로젝트 현장에서, 이미 과거에 누군가가 해결하여 표준화시킨 방법이 있음에도 혼자 골치 아픈 보안 문제를 해결하고자 무던히 애만 쓰고 시간을 축내는 사람들을 봐왔다. 이제 이 책으로 지식과 노하우를 공유하고자 하니 부디 독자 여러분은 처음부터 다시 바퀴를 발명하고자 인생을 허비하지 않길 바란다.

이 책에서 다루는 내용

1장, 개발 환경 세팅
Hello World 같은 기초적인 예제이지만 실제 상황과 유사한 몇몇 기능이 추가되었다. 이후 사용할 도구를 길들이는 게 1장의 목표다.

2장, 웹 서비스 보안의 중요성
자바 플랫폼에서 제공하는 인증 모델을 알아보고 각각의 작동 원리를 단계별로 차근차근 뜯어볼 것이다. 와이어샤크^{Wireshark}라는 트래픽 분석기로, 노출된 정보를 타인이 가로챌 수 있는 상황을 다룬다.

3장, RESTEasy 보안 관리
RESTEasy 보안 메커니즘을 기본 모델(대단위$^{coarse-grained}$)과 정교한 모델(소단위$^{fine-grained}$)로 나누어 설명한다. 그리고 설정 파일 뿐 아니라 직접 코딩하여 보안을 적용하는 방법을 살펴본다.

4장, RESTEasy 스켈레톤 키
토큰 소지자$^{token bearer}$, 싱글 사인 온$^{Single Sign-On}$, OAuth 인증을 다룬다. 세 가지 모두 자원 공유의 경로를 제한하기 위해 사용하는데, 곧바로 실무에 적용할 만한 실전적인 예제 코드를 살펴본다. 이러한 기법들을 동원하여 애플리케이션 간 자원/정보 공유를 하면, 토큰 소지자 말고 외부인 접근을 효과적으로 차단하는 동시에 유저가 자신의 크리덴셜credential[1]로 처음 한 번만 인증하면 다른 서비스도 함께 이용할 수 있다. 안전하면서도 유연한 애플리케이션을 만들기 위해 이 세 기술을 어떻게 적용하는지 알아본다.

5장, 디지털 서명과 메시지 암호화

디지털 서명의 유용함을 이해하고, 간단한 예제를 통해 메시지 수신자가 송신자의 신원을 어떻게 검증하는지 배운다. 데이터를 송수신하는 과정에서 만약 누군가가 데이터를 변조했을 때 디지털 서명으로 이를 감지하여 잘못된 데이터를 전달받는 일이 없도록 모의 실험을 할 것이다.

끝으로, 서버 요청 및 응답 전체를 암호화하는 것과 S/MIME으로 메시지 본문만을 암호화하는 것, 두 가지를 비교하여 살펴보며 마무리할 것이다.

실습에 필요한 프로그램

예제 코드를 실행하려면 다음 프로그램을 설치해야 한다. 모두 무료로 내려받을 수 있다.

- 이클립스Eclipse 통합 개발 환경IDE (다른 자바 IDE도 사용 가능)

- JBoss AS애플리케이션 서버 7

- 메이븐Maven

- 와이어샤크Wireshark

- SoapUI

---

1 정보 시스템의 특정 응용에서 사용하는 암호학적 개인 정보(personal information). 한 개인이 사용하는 공개 키 암호 알고리즘을 위한 공개 키/개인 키 쌍, 공인 인증 기관이 발행하는 공개 키 인증서(certificate), 신뢰하는 루트 인증 기관(예, KISA 최상위 인증 기관) 관련 정보, 패스워드, 인가 정보 등을 포함하는 암호학적 정보의 총합이다. (출처: 한국정보통신기술협회 IT용어사전) – 옮긴이

이 책의 대상 독자

소프트웨어 개발 직무, 특히 RESTful 웹 서비스 개발 업무를 담당하고 있는 개발자, 분석자, 아키텍트를 대상으로 한다. 자바 같은 객체 지향 프로그래밍 언어의 개념을 어느 정도 이해하고 있어야 한다.

해박한 보안 지식은 필요 없다. 이론부터 실전까지 친절하게 설명할 것이다.

편집 규약

이 책에는 여러 가지 유형의 정보들을 구분하기 위해 스타일을 달리하여 표기한다. 몇 가지 예시를 하겠다.

본문 내용 중 폴더명, 파일명, 파일 확장자, 경로명, 더미 URL은 다음과 같이 표시한다.

"web.xml 파일을 수정한다."

코드 블록은 다음처럼 표시한다.

```
private boolean isUserAllowed(final String username, final String
password,
final Set<String> rolesSet) {
  boolean isAllowed = false;
  if (rolesSet.contains(ADMIN)) {
   isAllowed = true;
  }
  return isAllowed;
 }
}
```

특별히 주의가 필요한 코드는 다음과 같이 굵은 글꼴로 표시한다.

```
final List<String> authorizationList = headersMap.get(AUTHORIZATION_
PROPERTY);
```

커맨드 창의 명령은 다음처럼 표기한다.

```
mvn clean install
```

화면이나 메뉴, 대화 상자 등에 표시될 글자들은 고딕 글꼴로 표시한다.

"팝업창에서 **SSL Settings** 탭을 선택하기 바란다."

 경고나 중요한 노트는 박스 안에 이와 같이 표시한다.

 팁과 트릭은 박스 안에 이와 같이 표시한다.

독자 의견

독자 여러분들의 피드백은 언제나 환영이다. 이 책에 대해서 어떻게 생각하는지, 좋은 점과 나쁜 점은 무엇인지 알려주기 바란다. 독자 피드백은 앞으로 출간될 도서를 선정하는 데에도 매우 중요한 고려 사항이 된다.

일반적인 피드백은 feedback@packtpub.com로, 이메일 제목에 도서명을 함께 기재하기 바란다.

여러분들이 아주 잘 알고 있는 주제가 있어 도서를 집필하거나 기존 도서에 기여를 하고 싶다면 www.packtpub.com/authors의 가이드를 참고하자.

고객 지원

팩트 출판사에서는 여러분들이 구매한 도서를 최대한 활용하는데 도움이 될 만한 여러 가지 서비스를 제공하고 있다.

예제 코드 다운로드

팩트 출판사에서 발간한 모든 도서의 예제 코드는 http://www.packtpub. com에 여러분들의 계정으로 접속 후 내려받을 수 있다. 만약 이 책을 다른 곳에서 구매했다면, http://www.packtpub.com/support에서 이메일 주소, 성명을 기재한 후 메일로 받아볼 수 있다.

깃허브^{GitHub} https://github.com/restful-javaweb-services-security에서 소스 코드를 직접 내려받을 수도 있다. 또한, 에이콘출판사의 도서정보 페이지인 http://www.acornpub.co.kr/book/restful-java-web-security에서도 예제 코드를 다운로드할 수 있다.

오탈자

내용을 전달하기 위해 최선을 다했지만, 실수가 있을 수 있다. 팩트출판사의 책에서 코드나 텍스트상의 문제를 발견해서 알려준다면 매우 감사하게 생각할 것이다. 여러분들의 참여를 통해 다른 독자들에게 도움을 주고, 다음 버전에서 책을 더 완성도 있게 만들 수 있다. 오탈자를 발견한다면 http://www. packtpub.com/support를 방문해 해당 도서 선택하고, 정오표 제출 양식을 통해 오류 정보를 알려주기 바란다. 보내준 내용이 확인되면 웹 사이트에 그 내용이 올라가거나, 해당 서적의 정오표 섹션에 그 내용이 추가될 것이다.

http://www.packtpub.com/support에서 해당 타이틀을 선택하면 지금까지의 정오표를 확인할 수 있다. 한국어판은 에이콘 출판사 도서정보 페이지 http://www.acornpub.co.kr/book/restful-java-web-security에서 찾아볼 수 있다.

저작권 침해

인터넷에서 무단으로 저작권을 침해하는 일은 모든 매체의 공통적인 고민 거리이다. 팩트 출판사는 저작권 침해에 대해 매우 엄중히 대처를 하고 있다. 만약 귀하가 인터넷에서 어떤 형태로든 불법으로 복제된 팩트 출판사의 도서를 목격했다면 해당 웹사이트의 주소나 이름을 통보해주기 바란다. 즉각적인 조치를 취할 것이다.

불법 복제물로 의심되는 링크가 있다면 copyright@packtpub.com로 연락 바란다.

팩스 출판사 저자들을 보호하고 여러분들에게 가치 있는 도서를 발간할 수 있도록 협조 부탁드린다.

질문

이 책에 관련된 질문이 있다면 questions@packtpub.com을 통해 문의하기 바란다. 최선을 다해 질문에 답해 드리겠다. 한국어판에 관한 질문은 이 책의 옮긴이나 에이콘출판사 편집팀(editor@acornpub.co.kr)으로 문의해주길 바란다.

1

개발 환경 세팅

긴 여행의 첫 관문에 들어선 여러분을 환영한다. 이 장에서는 RESTful 웹 서비스 개발에 필요한 환경을 세팅하고 기본 내용을 간략히 살펴본 후, 아주 간단한 예제 프로젝트를 작성해볼 것이다. 1장을 읽고 나면 RESTful 웹 서비스 개발 환경에 어느 정도 익숙해지리라 본다. 가급적 아주 쉽고 포괄적인 방향으로 여러분을 웹 서비스의 세계로 안내하고자 한다.

1장에서 다룰 내용은 다음과 같다.

- 개발 환경 설치
- 첫 RESTful 웹 서비스 애플리케이션 작성하기
- RESTful 웹 서비스 테스팅

툴 내려받기

코딩을 하려면 툴이 필요하다. 많은 개발자들이 흔히 쓰는 툴을 제시하지만, 각자 익숙한 툴을 써도 상관없다. "위대한 예술가는 연장 탓을 하지 않는다"는 격언도 있지 않은가! PC에 깔려있는 운영 체제는 윈도우, 맥 OS X, 리눅스 아무거나 좋다.

통합 개발 환경^{IDE}으로 이클립스, 애플리케이션 서버는 JBoss AS 7.1.1 Final 버전, 빌드 자동화 툴로는 메이븐^{Maven}, 웹 서비스 기능 테스트 도구는 SoapUI를 사용할 것이다. 그리고 최신 버전의 JDK 1.7.x를 꼭 설치하기 바란다. 잘 모르는 독자들은 각 홈페이지에서 자세한 정보를 참고하자.

다운로드 링크

- Eclipse IDE for Java EE Developers 4.3(http://www.eclipse.org/downloads/)
- JBoss AS 7.1.1 Final(http://www.jboss.org/jbossas/downloads/)
- Apache Maven 3.1.1 또는 상위 버전(http://maven.apache.org/download.cgi)
- SoapUI 4.6 또는 상위 버전(http://www.soapui.org/)
- JDK 1.7.x(http://www.oracle.com/technetwork/java/javase/downloads/jdk7-downloads-1880260.html)

베이스 프로젝트 만들기

프로젝트 빌드를 쉽게 하려면 메이븐이 필요하다. 메이븐이라는 놀라운 툴은 눈깜짝할 사이에 베이스 프로젝트를 생성해주고, 특정 IDE에 의존하지 않으면서도 프로젝트를 쉽게 컴파일하고 패키징할 수 있게 도와주는, 정말 고마운 프로그램이다.

메이븐은 특정한 유형의 프로젝트를 생성할 때 아키타입archetype[1]을 사용한다. 아키타입은 많이 쓰이는 프로젝트 템플릿을 모아놓은 것으로서, 자바 데스크톱 애플리케이션부터 복수의 JAR/WAR 아티팩트artifact들이 EAR에 포함된 프로젝트에 이르기까지 여러 가지 애플리케이션을 생성할 수 있다. 개발자는 아키타입으로 메이븐의 여러 유용한 기능들을 시험해볼 수 있는 샘플 프로젝트를 바로 만들 수 있다. 메이븐에 대해 궁금한 독자는 http://maven.apache.org 사이트를 참고하자.

메이븐에 대해선 이 정도만 알아도 책장을 넘기는 데 무리가 없다. 우리는 자바 기반의 웹 애플리케이션 아키타입을 사용해 베이스 프로젝트를 만들 것이다. 커맨드 창을 열고 다음 명령어를 입력하자.[2]

```
mvn archetype:generate
```
[3]

메이븐 저장소repository에서 사용할 수 있는 아키타입 전체 목록이 보인다. 이 중 우리가 필요한 것은 webapp-javaee6라는 아키타입이고 org.codehaus.mojo.archetypes 그룹에 있다. 다음 그림을 보면 좌측의 557이 ID임을 알 수

---

1 프로젝트의 소스, 테스트, 리소스 등에 해당되는 디렉터리 구조를 어떤 규칙으로 미리 정해두고 프로젝트를 템플릿처럼 자동으로 생성하기 위한 기능을 아키타입(원형)이라고 한다. – 옮긴이

2 윈도우에 메이븐을 설치 시, 메이븐 압축 파일 해제 후 MAVEN_HOME이라는 시스템 환경 변수를 추가하고 PATH에 MAVEN_HOME/bin을 추가해야 경로에 상관없이 mvn 명령을 실행할 수 있다. – 옮긴이

3 이 명령 뒤에 -Dfilter=webapp-javaee6 옵션을 주어 필터링하면 화면에 뜬 1,000개가 넘는 아키타입 중에서 webapp-javaee6을 찾으려고 노력하지 않아도 된다. – 옮긴이

있는데, 나중에 다른 아키타입이 추가되면서 ID는 계속 바뀔 수 있으니 가급적 검색은 ID가 아닌 명칭으로 하는 것이 좋다.

```
551: remote -> org.codehaus.mojo.archetypes:netbeans-platform-app-archetype
NBM project.)
552: remote -> org.codehaus.mojo.archetypes:osgi-archetype (Archetype for de
553: remote -> org.codehaus.mojo.archetypes:pom-root (Root project archetype
554: remote -> org.codehaus.mojo.archetypes:sample-javafx (Sample archetype
555: remote -> org.codehaus.mojo.archetypes:webapp-j2ee13 (-)
556: remote -> org.codehaus.mojo.archetypes:webapp-j2ee14 (-)
557: remote -> org.codehaus.mojo.archetypes:webapp-javaee6 (-)
558: remote -> org.codehaus.mojo.archetypes:webapp-javaee7 (Archetype for a
559: remote -> org.codehaus.mojo.archetypes:webapp-jee5 (-)
```

이어지는 몇 가지 질문은 다음 그림과 같이 대답한다. 메이븐은 이 정보를 이용해 아키타입을 생성한다.

```
Choose org.codehaus.mojo.archetypes:webapp-javaee6 version:
1: 1.0
2: 1.0.1
3: 1.0.2
4: 1.1
5: 1.2
6: 1.3
7: 1.4
8: 1.5
Choose a number: 8: 8
Define value for property 'groupId': : com.packtpub
Define value for property 'artifactId': : resteasy-examples
Define value for property 'version':  1.0-SNAPSHOT: :
Define value for property 'package':  com.packtpub: :
Confirm properties configuration:
groupId: com.packtpub
artifactId: resteasy-examples
version: 1.0-SNAPSHOT
package: com.packtpub
```

눈치 챈 독자들도 있겠지만, 각 입력 항목은 다음 프로퍼티 값에 대응된다.

- groupId: 코드의 소유권을 가진 조직/회사(도메인을 역순으로 표시)

- artifactId: 프로젝트명

- Version: 프로젝트 버전 정보

- Package: 베이스 패키지(클래스 파일의 루트 경로)

클래스명과 패키지명을 합치면 클래스 풀네임이 만들어지고, 이 풀네임으로 각 클래스를 유일하게 식별한다. 종종 동일 이름의 클래스가 여러 개 있을 수 있는데, 패키지명이 있으니 클래스를 분간하는 데 문제가 없다.

메이븐이 생성한 프로젝트를 이클립스의 작업공간^{workspace}으로 임포트^{import}하자. **File > Import > Maven > Existing Maven Projects** 메뉴에서 프로젝트를 이클립스로 불러들인다. 임포트가 끝나면 다음 그림처럼 IDE에 새 프로젝트가 만들어진다.

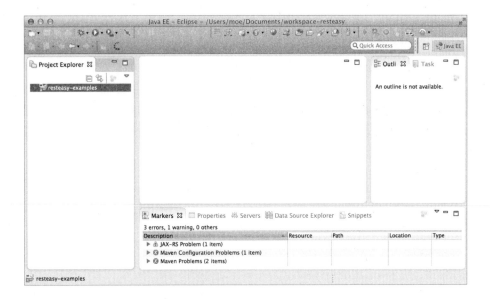

그런데 이클립스와 메이븐 통합 환경의 버그 때문에 하단 **Markers** 영역에서 에러가 발생하므로, 다음과 같이 pom.xml 파일[4]의 <build>, <plugins>...</plugins> 태그 사이에 <pluginManagement> 태그를 추가하자.

```
<project xmlns="http://maven.apache.org/POM/4.0.0"
```

---

4 메이븐은 빌드와 관련된 정보를 프로젝트 객체 모델(POM, Project Object Model)이라는 이름으로 정의하고 있다. POM의 이름을 따서 기본 설정 파일은 pom.xml이다. (출처: 자바 세상의 빌드를 이끄는 메이븐(박재성), 한빛미디어 2011) - 옮긴이

```
xmlns:xsi="http://www.w3.org/2001/XMLSchema-instance"
  xsi:schemaLocation="http://maven.apache.org/POM/4.0.0 http://maven.
apache.org/xsd/maven-4.0.0.xsd">
  <modelVersion>4.0.0</modelVersion>

  <groupId>com.packtpub</groupId>
  <artifactId>resteasy-examples</artifactId>
  <version>1.0-SNAPSHOT</version>
  <packaging>war</packaging>

  . . .

  <build>
    <pluginManagement>
      <plugins>
        <plugin>
          . . .
        </plugin>
      </plugins>
    </pluginManagement>
  </build>

</project>
```

이렇게 수정하고 다음 그림처럼 메이븐 프로젝트 설정을 업데이트한다.

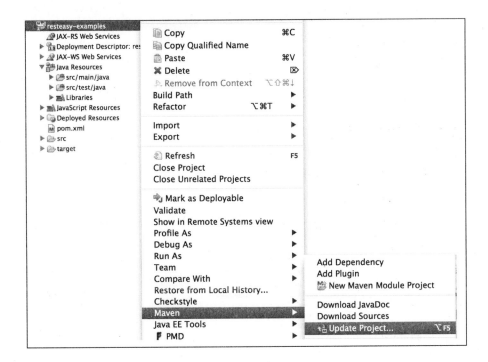

메이븐 설정이 업데이트되는 과정에서 누락된 라이브러리가 있으면 메이븐이 프로젝트의 의존 관계를 알아서 처리하므로 더 이상 에러 표시는 나오지 않을 것이다.

이제 src/main/webapp/WEB-INF 폴더를 생성하고 다음 web.xml 파일을 작성한다.

```xml
<?xml version="1.0" encoding="UTF-8"?>
<web-app version="3.0" xmlns="http://java.sun.com/xml/ns/javaee"
  xmlns:xsi=http://www.w3.org/2001/XMLSchema-instance
  xsi:schemaLocation="http://java.sun.com/xml/ns/javaee
  http://java.sun.com/xml/ns/javaee/web-app_3_0.xsd">
</web-app>
```

지금 이 파일은 아무 내용도 없지만 나중에 애플리케이션 보안 설정으로 채워지게 될 것이다. 지금은 웹 애플리케이션 구조를 정의하기 위해 /WEB-INF 폴더, web.xml 파일을 생성했다는 것 정도만 기억하자.

첫 번째 기능 예제

개발 환경 설정을 끝냈으니 이제 슬슬 본격적으로 해볼 차례다. 우선, RESTful 웹 서비스 첫 작품을 시작하자. 이 책에서는 JBoss 서버 기반의 JAX-RS 스펙 구현체, RESTEasy를 사용한다. 우선 직원 정보를 조회/저장하는 아주 간단한 서비스부터 작성해보자.

먼저, JAXB[5] 애노테이션annotation을 사용해 간단한 구조의 Person 도메인 클래스를 만든다. JAXB는 자바, XML 사이에서 객체를 마샬marshal/언마샬unmarshal 해주는 패키지다. 예제에서는 인스턴스instance를 데이터베이스가 아닌, 인메모리 캐시in-memory cache에 보관할 것이다. 보통 JEE 스펙에서 클래스는 관계형 데이터베이스의 테이블에 대응되며, 엔티티 인스턴스는 테이블의 각 행row에 대응된다. 다음 코드를 보자.

```
package com.packtpub.resteasy.entities;


import javax.xml.bind.annotation.XmlAccessType;
import javax.xml.bind.annotation.XmlAccessorType;
import javax.xml.bind.annotation.XmlAttribute;
import javax.xml.bind.annotation.XmlElement;
import javax.xml.bind.annotation.XmlRootElement;
```

---

5 JAXB(Java Architecture for XML Binding)는 자바 클래스와 XML 사이의 데이터 변환을 위한 자바 API다. 자바 객체를 XML로 직렬화(marshalling)하거나 반대로 XML에서 자바 객체로 역직렬화(unmarshalling)하는 데 쓰인다. − 옮긴이

```java
@XmlRootElement(name = "person")
@XmlAccessorType(XmlAccessType.FIELD)
public class Person {

    @XmlAttribute
    protected int id;

    @XmlElement
    protected String name;

    @XmlElement
    protected String lastname;

    public int getId() {
        return id;
    }

    public void setId(int id) {
        this.id = id;
    }

    public String getName() {
        return name;
    }

    public void setName(String name) {
        this.name = name;
    }

    public String getLastname() {
```

```
    return lastname;
  }

  public void setLastname(String lastname) {
    this.lastname = lastname;
  }
}
```

com.packtpub.resteasy.services.PersonService 클래스는 다음과 같이 작성한다. 이 클래스에는 직원을 새로 등록하고 ID로 검색하는 메소드가 2개 있고, 직원 정보는 인메모리 맵 캐시에 저장한다.

```
package com.packtpub.resteasy.services;

import java.net.URI;
import java.util.HashMap;
import java.util.Map;

import javax.ws.rs.Consumes;
import javax.ws.rs.GET;
import javax.ws.rs.POST;
import javax.ws.rs.Path;
import javax.ws.rs.PathParam;
import javax.ws.rs.Produces;
import javax.ws.rs.WebApplicationException;
import javax.ws.rs.core.Response;

import com.packtpub.resteasy.entities.Person;

@Path("/person")
```

```java
public class PersonService {
  private Map<Integer, Person> dataInMemory;
  public PersonService() {
    dataInMemory = new HashMap<Integer, Person>();
  }

  @Post
  @Consumes("application/xml")
  public Response savePerson(Person person) {
    int id = dataInMemory.size() + 1;
    person.setId(id);
    dataInMemory.put(id, person);
    return Response.created(URI.create("/person/" + id)).build();
  }

  @Get
  @Path("{id}")
  @Produces("application/xml")
  public Person findById(@PathParam("id") int id) {
    Person person = dataInMemory.get(id);
    if (person == null) {
      throw new WebApplicationException(Response.Status.NOT_FOUND);
    }
    return person;
  }
}
```

@Path은 클래스 내부에 작성된 기능을 호출하는 URL이고, @Post는 HTTP
POST 방식으로만 요청 가능한 메소드임을 명시하는 애노테이션이다. 그 밑의
@Consumes와 application/xml 속성은 저장해야 할 직원 정보가 XML 형식

의 문자열로 POST 전송 후 처리됨을 의미한다. 반면에, 직원 정보를 ID로 검색하는 메소드는 @Get이 있으므로 HTTP GET 방식으로만 호출할 수 있다. 이때 호출 URL에는 @Path의 속성으로 명시된 "{id}"에 해당하는 ID가 반드시 포함되어야 한다. @Produces와 application/xml 속성은 XML 형식으로 응답할 것임을 이야기한다. 마지막으로, @Path의 "{id}"를 findById 메소드에서 @PathParam("id")로 전달받는 것을 잘 봐두자.

이제 Application 클래스[6]를 상속받은 MyRestEasyApplication 클래스를 만들자. 서비스 객체는 싱글톤^{singleton}으로 생성해야 매 요청 시 데이터를 잃어버리지 않고 메모리에 담아둘 수 있다.

```
package com.packtpub.resteasy.services;

import java.util.HashSet;
import java.util.Set;

import javax.ws.rs.ApplicationPath;
import javax.ws.rs.core.Application;

@ApplicationPath("/services")
public class MyRestEasyApplication extends Application {

  private Set<Object> services;

  public MyRestEasyApplication() {
    services = new HashSet<Object>();
    services.add(new PersonService());
  }
```

---

6 http://docs.oracle.com/javaee/6/api/javax/ws/rs/core/Application.html – 옮긴이

```
@Override
public Set<Object> getSingletons() {
  return services;
  }
}
```

JAXB로 엔티티를 각각 매핑했으니 각 메소드는 XML 형식으로 데이터를 받고 응답할 것이다.

JBoss 서버에 배포하려면 pom.xml 파일에 의존성을 추가해 JBoss 플러그인^{plugin}을 참조하게 해야 한다. 또 pom.xml 파일에 자동 생성된 아티팩트명도 바꾸자. 디폴트는 resteasy-examples-1.0-snapshot.war에서 알 수 있듯이 '아티팩트 ID, 버전 정보' 형식인데, 그냥 간단히 아티팩트 ID 만으로 resteasy-examples.war처럼 명명하는 편이 좋겠다. 다음 XML을 참고해 pom.xml 파일을 수정한다.

```
<build>
  <finalName>${artifactId}</finalName>⁷
  <pluginManagement>
    <plugins>
      <plugin>
        <groupId>org.jboss.as.plugins</groupId>
        <artifactId>jboss-as-maven-plugin</artifactId>
        <version>7.5.Final</version>
        <configuration>
          <jbossHome>/pathtojboss/jboss-as-7.1.1.Final</jbossHome>
        </configuration>
```

---

7 ${artifactId}로 쓰면 JBoss 로그에 "[WARNING] The expression ${artifactId} is deprecated. Please use ${project. artifactId} instead."라는 경고가 표시된다. 말 그대로 지금은 비권장(deprecate)되어 쓰지 않는 표현이므로 〈finalName〉${project.artifactId}〈/finalName〉으로 바꿔쓰는 것이 좋다. – 옮긴이

```
            </plugin>
            ...
            </plugin>
        </plugins>
    </pluginManagement>
</build>
```

jbossHome에는 여러분의 PC에 설치된 JBoss 실제 경로를 적는다. 커맨드 창에서 프로젝트 루트 폴더[8]로 이동 후, `mvn jboss-as:run` 명령을 내려보자. 수정된 코드를 반영하기 위해 재배포하려면 `mvn jboss-as:redeploy` 명령을 입력한다.

실행과 재배포가 이 플러그인의 골^{goal}[9]이며(골에 대해서 궁금한 독자는 https://docs.jboss.org/jbossas/7/plugins/maven/latest/를 참고하자), 프로젝트 전체 자바 파일을 컴파일한 후 한 개의 WAR 파일로 패키징해 서버에 배포한다. 별 문제가 없다면 배포가 성공적으로 이뤄졌다는 메시지가 다음 그림처럼 커맨드 창에 출력될 것이다.

```
●○○                        bin — java — 96×14
        java                              bash
00:39:15,164 INFO  [org.jboss.as.repository] (management-handler-thread - 1) JBAS014900: Content
 added at location /Users/moe/Documents/Java/jboss-as-7.1.1.Final/standalone/data/content/fa/939
3869a551e881973c3f6b2109ee1c5decb01/content
00:39:15,191 INFO  [org.jboss.as.server.deployment] (MSC service thread 1-5) JBAS015877: Stopped
 deployment resteasy-examples.war in 22ms
00:39:15,193 INFO  [org.jboss.as.server.deployment] (MSC service thread 1-7) JBAS015876: Startin
g deployment of "resteasy-examples.war"
00:39:15,230 INFO  [org.jboss.web] (MSC service thread 1-7) JBAS018210: Registering web context:
 /resteasy-examples
00:39:15,267 INFO  [org.jboss.as.server] (management-handler-thread - 1) JBAS018562: Redeployed
"resteasy-examples.war"
00:39:15,267 INFO  [org.jboss.as.server] (management-handler-thread - 1) JBAS018565: Replaced de
ployment "resteasy-examples.war" with deployment "resteasy-examples.war"
```

---

8 메이븐 프로젝트에서는 pom.xml 파일이 위치한 폴더가 루트가 된다. – 옮긴이

9 메이븐 플러그인은 하나의 플러그인에서 여러 작업을 수행할 수 있도록 지원하는데, 이러한 각각의 작업을 골이라고 한다.
   (출처: 자바 세상의 빌드를 이끄는 메이븐(박재성), 한빛미디어 2011) – 옮긴이

예제 웹 서비스 테스팅

이제 지금까지 작성한 코드를 SoapUI로 테스트하자. 최신 버전을 내려받아 쓰든지, 아니면 적어도 4.6.x 이상의 버전을 설치해야 RESTful 웹 서비스를 테스트하기 좋다.

1. 메인 메뉴의 File > New REST Project로 새로운 REST 프로젝트를 생성한다.

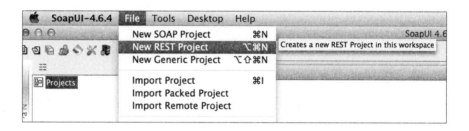

2. 서비스 URI를 기입한다.

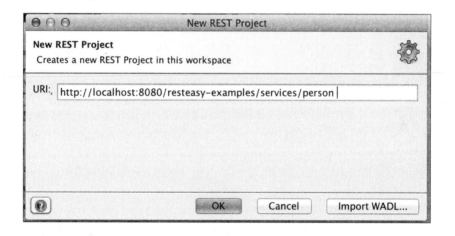

3. 그리고 작업공간에서 POST 메소드로 직원 정보를 생성해보자. Media Type 필드값으로 application/xml을 선택한 후, 다음 XML 문자열을 써넣고 서버에 요청한다.

```
<person><name>Rene</name><lastname>Enriquez</lastname></person>
```

4. Play 버튼을 클릭하면 응답 내용에 생성된 리소스 URI가 표시될 것이다.

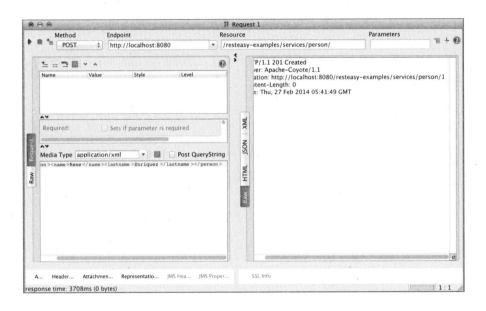

5. Resource 텍스트 박스에 4번에서 반환된 리소스 URI를 입력하고 메소드를 GET으로 바꾼 뒤, 다시 Play 버튼을 클릭하면 3번에서 입력한 반가운 데이터가 보일 것이다.

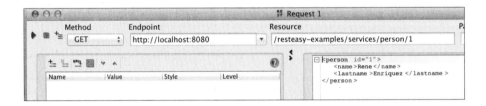

축하한다! 첫 RESTful 웹 서비스의 개발 프로젝트를 마쳤다. 아직은 서버 메모리에 직원 정보를 저장하고 ID로 검색하는 단순한 기능이 전부지만.

 JBoss 서버를 재시동하거나 애플리케이션을 재배포하면 이전의 직원 정보는 소실된다. 직원 정보를 검색하기 전에 반드시 데이터를 저장해야 한다.

정리

1장에서는 간단한 애플리케이션을 만들어봤다. Hello World를 출력하는 수준이지만 그래도 실제 사용 환경과 유사한, 그럴싸한 기능이 탑재되어 있다.

앞으로 사용할 툴에 익숙해지는 게 중요하다. 2장부터는 여러분이 어느 정도 툴을 잘 사용할 줄 안다는 전제 하에 설명할 것이다. 예컨대, SoapUI가 이미 웹 서비스 기능을 테스트하는 프로그램임을 잘 알고 있으리라 가정하고 다른 설명 없이 단계별 설명을 이어갈 것이다.

다음 장에서는 자바 플랫폼에서 제공하는 보안 모델과 각각의 구현 방법에 대해 이야기할 것이다.

2
웹 서비스 보안의 중요성

2장은 소프트웨어 세계에 내재된, '보안'이라는 개념을 다루므로, 매우 중요한 단원이다. 많은 기업, 그리고 우리 같은 일반인이 사용하는 소프트웨어에서 보안은 매우 중요한 이슈다. 게다가 이러한 소프트웨어를 통해 중차대한 기밀 정보를 공유하므로 보안은 더더욱 중요하다.

이 장에서는 컴퓨터 시스템의 보안에 대해 기본적인 내용을 알아보고, 각 보안 장치와 구현 방법, 그리고 그 쓰임새를 소개한다.

해커가 공격을 수행해 목표물, 즉 원하는 정보를 꺼내가는지를 탐지하고, 공격에 따른 피해 규모를 추계하는 데 사용되는 프로토콜 분석기 툴의 사용 방법 또한 언급한다. 끝으로, 웹 서비스 보안과 관련된 다른 방법들도 설명한다.

모든 학습은 훈련이 최선이므로, 간단한 예제 코드를 통해 인증authentication과 인가authorization의 차이점을 설명할 것이다. 흥미롭고 유용한 주제가 여러분을 기다리고 있다.

2장에서 다룰 내용은 다음과 같다.

* 보안 관리의 중요성

- 다양한 보안 메커니즘을 살펴보고 직접 구현하기
- 프로토콜 분석기로 요청 가로채기
- 인증과 인가의 차이점

보안의 중요성

애플리케이션 설계에서 보안 관리는 고려해야 할 주요 요소 중 하나다.

조직의 기능이나 정보가 별다른 제약 없이 외부에 쉽게 노출된다면 어떻게 될까? 직원들의 연봉을 인사 관리 시스템으로 조회하는 예를 들어보자. 팀장이 자기 팀 부하 직원의 연봉을 조회하는 건 별 문제가 되지 않는다. 하지만 호기심 많은 팀원이 다른 팀원의 연봉 정보를 별 어려움 없이 빼낼 수 있다면, 팀워크에 문제가 생기지 않을까?

훨씬 더 치명적인 XYZ 은행의 경우를 보자. 개인 고객이나 서드파티 회사에서 이 은행 ATM 기기를 통해 자신의 계좌로 입금을 할 때마다 잔고는 증가한다. 은행 IT 책임자는 이런 기능이 워낙 일반적인 터라 웹 서비스로 구현해도 좋겠다는 결정을 내린다. 현재는 웹 서비스가 구현된 애플리케이션에 로그인한 고객들에 한해 입금 기능을 사용할 수 있다. 이 IT 책임자의 선견지명은 끝내 실현되었고, ATM에서도 간단히 웹 서비스 호출로 입금을 할 수 있게 해달라는 요청을 받기에 이르렀다. ATM 기기는 접근을 제어하는 보안 시스템을 잘 갖춘 환경이기 때문에 적어도 지금까지 보안상 허점은 없었고, 그리하여 웹 서비스 입금 기능에 운영 체제가 접근하는 것도 간접적으로는 잘 제어될 수 있을 것 같았다.

그런데 어느 날, 고객사인 ABC 기업이 회사 매출에 기여한 공로로 직원들의 은행 계좌에 x원을 웹 서비스를 통해 입금시키려고 한다. 무슨 일이 벌어지게 될까? 웹 서비스 기능을 사용하는, 자체적인 보안 스킴^{scheme}을 가진 애플리케이션을 계속 신뢰할 수 있을까? 만약 스니퍼^{sniffer}가 도중에 요청을 가로채기라도 하면? 그래서 같은 요청을 되풀이하면 그만큼 잔고가 늘어난다는 사실을 누군가가 알기라도 하는 날에는? 스무 고개처럼 답을 찾다 보니 나름대로 논리가 생긴다. 이런 시나리오에 따라 일단 웹 서비스가 외부에 노출돼 해커가 유저의 인증을 가로채는 데 성공하면, 이후부턴 어떤 상황에서든 보안 시스템을 쉽게 통과한다. 내부자의 소행인지, 외부자의 소행인지는 중요하지 않다. 입금 기능 같은 지극히 민감한 정보가 오고가는 서비스는 사전에 확실한 보안 통제가 전제되어야 한다.

데이터, 혹은 이미 작성된 기능을 공유하기 위해 고안된 웹 서비스 기술은 널리 알려진 것처럼 데이터를 주고받는 양쪽 시스템의 프로그래밍 언어나 아키텍처, 플랫폼 등에 의존하지 않는다. 그래서 운영 중인 기능을 재작성할 필요가 없고 변화에 아주 유연하다. 그런데 공유가 쉽다는 것은, 다시 말해 엔티티 또는 시스템에서 정보와 기능을 주고받을 때 데이터의 기밀성에 문제가 생길 소지가 크다는 소리다. 예기치 않게 침입자가 소중한 정보를 빼돌리지 않도록, 허가받지 않은 제삼자가 서비스에 접근하지 못하도록 경영 차원에서 목표를 세워 보안 구축을 해야 한다. 이런 이유로 서비스 접근에 대해 매우 철저하게 분석하고, 외부에 노출된 서비스에 보안상 문제가 없는지 몇 번이고 확인해야 한다.

보안 관리 옵션

자바에는 몇 가지 보안 관리 옵션이 있는데, 공히 유저가 서버로 자신의 크리덴셜을 제출해 신원을 인증받는다. 다음은 이를 구현한 기술이다.

- 기본^{BASIC} 인증
- 다이제스트^{DIGEST} 인증
- 클라이언트 자격^{CLIENT CERT} 인증
- API 키 사용

RESTful 웹 서비스는 물론, 자바로 제작한 모든 애플리케이션 보안은 JAAS 에 기반을 둔다.

JAAS^{Java Authentication and Authorization Service}, 자바 인증 및 인가 서비스는 자바 기업 플랫폼^{Java Platform Enterprise} 에디션을 구성하는 프레임워크로, 자바 세계의 애플리케이션 보안 표준이다. JAAS로 인증 모듈을 쉽게 구축할 수 있고, 리소스 보호를 위해 애플리케이션 전반에 걸쳐 인증 관리를 할 수 있다. 더 상세한 내용은 다음 URL을 참고하자.

http://docs.oracle.com/javase/7/docs/technotes/guides/security/jaas/tutorials/GeneralAcnOnly.html

JAAS를 쓰지 않고 여러분이 직접 보안 모듈을 구현해도 된다. 하지만 평생이 걸릴지도 모른다. 이미 각고의 노력 끝에 누군가가 내놓은 기술의 산물이 있다면 여러분의 귀중한 시간과 노력을 아끼는 차원에서 적극 활용하기 바란다. 가급적 잘 알려진 표준을 따르는 것이 좋다. 이 책의 기본 인증, 다이제스트 인증, 클라이언트 자격 인증 예제 코드도 JAAS 표준을 따른다.

인증과 인가

일상적으로는 이 두 용어를 명확히 구별해서 쓰지 않지만 보안 시스템에서는 전혀 다른 개념이다. 정확한 의미를 알아보자.

인증

인증^{authentication}은 '유저가 누구인지'를 식별하는 것이다. 많은 경우 유저네임과 패스워드로 신원을 확인한다. 접속한 유저가 바로 '그 사람'인지 충분히 보장하고, '내가 그 사람'이라고 주장하는 유저를 검증할 수 있어야 한다. 그러나 '그 사람'이 가진 접근 권한과 인증은 무관하다.

일찍이 보안 전문가들은 올바른 인증을 위해 반드시 확인해야 할 인자^{factor}의 유형을 다음 세 가지로 정의했다. 대부분 이중 두 가지 정도만 사용하지만, 세 가지 모두 사용하는 편이 가장 안전하다.

- **지식 인자**: 유저가 '알고 있는' 것으로, 패스워드, 패스프레이즈^{passphrase}[1], 개인식별번호$^{PIN, personal identification number}$ 등이 있다. 다른 예로, 유저가 질문에 답을 하는 시도 응답$^{challenge response}$[2], 소프트웨어 토큰$^{software token}$, 그리고 이와 유사한 전화 응답이 있다.

- **소유 인자**: 유저가 '갖고 있는' 것으로, 손목 밴드(신체 인증의 경우), ID 카드, 보안 토큰, 하드웨어 토큰이 내장된 휴대폰 등을 들 수 있다.

- **고유 인자**: 유저의 본질이나 행위를 말하며, 지문이나 망막 패턴, 유전자 배열, 서명, 얼굴, 음성, 유일한 생체 전기 신호 및 기타 생체 인증 방식 등이 있다.

인가

인가^{authorization}는 '유저가 할 수 있는 일'이다. 유저에게 권한을 부여해 어떤 행위를 하거나 뭔가 가질 수 있게 하는 과정이다. 소프트웨어 방식으로 말하면,

---

1 일반적으로 디지털 서명이나 암호화, 복호화에 사용되는 패스워드보다 긴 문자열로 된 비밀 번호. 예를 들면, "Pretty Good Privacy" 암호 프로그램에서 요구하고 있는 패스프레이즈는 최고 100 문자까지 구성된 것도 있다. (출처: 한국정보통신기술협회 IT용어사전) – 옮긴이
2 유저가 어떤 것을 선택하는지의 여부로 신분 인증을 하는 방법. 여기서 선택은 주로 계산에 의해서 이루어진다. (출처: 한국정보통신기술협회 IT용어사전) – 옮긴이

유저가 접근할 수 있는 시스템 목록과 그들이 시스템 내에서 할 수 있는 행위 (예: 파일 디렉터리를 열어보거나 할당된 저장 공간의 크기/시간을 조회)를 시스템 관리자가 사전에 정의하고 관리하는 것이다.

시스템 관리자가 미리 권한을 설정하는 것, 유저가 시스템에 접속하면 할당된 권한을 체크하는 것 모두 인가에 해당한다.

접근 통제

인증과 인가는 접근 통제를 위해 사용한다. 인증된 유저만 사용할 수 있는 컴퓨터 시스템은 반드시 비인증 유저를 분별하고 걸러낼 수 있어야 한다. 일정 수준의 신뢰도 범위 내에서 지속적으로 유저 신원을 식별해 적확한 권한을 부여할 수 있을 때 접근 통제가 이루어지는 것이다. 다음은 각기 다양한 상황에서 인증을 통해 접근 통제를 수행하는 예다.

- 주택 건설 업자가 작업 현장에 도착하면 사진이 포함된 ID를 요구한다.
- 캡차[captcha]를 사용해 유저가 컴퓨터 프로그램이 아닌 '인간'임을 검증한다.
- 전화선이 연결된 휴대폰 등의 기기에서 일회용 패스워드[OTP, One Time Password]를 일반 패스워드나 PIN처럼 사용한다.
- 컴퓨터 프로그램이 타 컴퓨터 프로그램을 블라인드 크리덴셜[blind credential]로 인증한다.
- 여권에 국가명을 입력한다.
- 컴퓨터에 로그인한다.
- 이메일 소유자가 맞는지 확인하기 위해 컨펌 메일[confirmation mail]을 보낸다.
- 인터넷으로 온라인 뱅킹을 한다.

- ATM 기기에서 현금을 인출한다.

엄격한 접근 통제 대신, 접근의 용이함을 우선해야 할 경우도 있다. 예를 들어, 소액 거래는 거래 승인의 증빙을 남기기 위한, 인증된 유저의 서명이 굳이 필요하지 않다.

그러나 보안 전문가들조차 100% 완벽한 유저 인증은 불가능하다고 한다. 다만 어떤 일련의 테스트를 통과했다면 신원 확인에 필요한 최소한의 기준은 충족시킨 것으로 보는 것이다. 결국 어떤 테스트를 해야 충분한 검증이 이루어지느냐가 관건인데, 회사마다 저마다의 사정이 있으므로 자체 기준에 따라 테스트 집합을 기획해야 한다.

전송 계층 보안

전송 계층 보안^{TLS, Transport layer security}의 핵심 기능은 다음과 같이 요약할 수 있다.

- 전신은 SSL^{보안소켓계층3}이다.

- 인터넷에서 보안 통신을 하기 위한 암호화된 프로토콜이다.

- X.509 인증 방식(비대칭형 암호화)으로 인증한다.

- 클라이언트-서버 형태의 애플리케이션이 네트워크 상에서 통신할 때 도청이나 탬퍼링^{tampering4}을 방지한다.

- TLS는 전송 계층 프로토콜^{transport layer protocol}의 최상위층에 위치한다.

- HTTP, FTP, SMTP, NNTP, XMPP 등의 애플리케이션 계층 프로토콜을 캡슐화^{encapsulate}한다.

- 특히, 중요한 데이터(유저 크리덴셜이나 데이터 갱신/삭제 관련)를 주고받을 때

---

3 SSL(Secure Socket Layer)은 1993년 웹 서버와 브라우저 간의 안전한 통신을 위해 Netscape사에서 처음 개발되었고, 이후 SSL 1.0, SSL 2.0을 거쳐 SSL 3.0 버전에서 IETF에서 RFC2246으로 표준화시킨 명세가 TLS다. - 옮긴이
4 시스템의 기능을 임의로 수정해 보안을 약화시키거나 기능 자체를 훼손하는 행위 - 옮긴이

TLS를 사용한다.

- 요즘은 하드웨어 장비가 많이 발전해 TLS로 인한 오버헤드는 낮은 편이며, 약간의 응답 지연^{latency}은 불가피하지만 보안으로 얻는 이점을 고려할 때 충분히 감수할 만하다.

유저 크리덴셜에 의한 기본 인증

기본 인증은 사실 거의 모든 유형의 애플리케이션에서 가장 많이 쓰이는 인증 기법이다. 유저는 유저네임과 패스워드를 입력해 애플리케이션에 접속하고, 서버는 유저가 입력한 크리덴셜 정보의 일치 여부를 확인/검증한다. 아마도 이 책을 읽는 독자들의 99%는 이런 식의 인증 기술을 과거에 한번쯤 구현해봤을 것이다. 상황에 따라 약간씩 변형해 적용한 사례도 있을 테고, JEE 기반 시스템이라면 틀림없이 JAAS를 이용했을 것이다. 이런 식의 인증 기술을 통틀어 기본 인증이라고 한다.

그런데 기본 인증은 유저 크리덴셜이 원형 그대로 서버에 전달된다는 점에서 문제가 크다. 스니퍼가 마음만 먹으면 얼마든지 네트워크상에서 패킷을 가로채 읽을 수 있기 때문이다. 다음 절에서 프로토콜을 분석할 수 있는 와이어샤크라는 툴을 소개하면서 다시 살펴볼 것이다. 와이어샤크는 http://www.wireshark.org/download.html에서 무료로 내려받을 수 있다.

와이어샤크 설치 과정은 Next 버튼만 계속 클릭하면 되니 설명은 생략한다.

이제 유저가 웹 서비스의 기능을 단순히 호출만 했던, '1장, 개발 환경 세팅'의 프로젝트에 인증 기능을 넣어보자. 일단 유저가 접속하면 유저네임과 패스워드를 물어보고, 정상적으로 인증이 끝나야 웹 서비스를 이용할 수 있다.

JBoss AS 7 설치 경로에서 bin 디렉터리를 찾아 add-user.bat 배치 파일(유

닉스에서는 add-user.sh)을 커맨드 창에서 실행해 다음 그림과 같이 새 유저를
추가한다.

```
MacBook-Pro-de-Rene:bin moe$ ./add-user.sh

What type of user do you wish to add?
 a) Management User (mgmt-users.properties)
 b) Application User (application-users.properties)
(a): b

Enter the details of the new user to add.
Realm (ApplicationRealm) : ApplicationRealm
Username : username
Password :
Re-enter Password :
What roles do you want this user to belong to? (Please enter a comma separated list,
or leave blank for none) : admin
About to add user 'username' for realm 'ApplicationRealm'
Is this correct yes/no? yes
Added user 'username' to file '/Users/moe/Documents/Java/jboss-as-7.1.1.Final/standal
one/configuration/application-users.properties'
Added user 'username' to file '/Users/moe/Documents/Java/jboss-as-7.1.1.Final/domain/
configuration/application-users.properties'
Added user 'username' with roles admin to file '/Users/moe/Documents/Java/jboss-as-7.
1.1.Final/standalone/configuration/application-roles.properties'
Added user 'username' with roles admin to file '/Users/moe/Documents/Java/jboss-as-7.
1.1.Final/domain/configuration/application-roles.properties'
MacBook-Pro-de-Rene:bin moe$ 
```

유저 타입은 Application User, 역할은 admin으로 입력하자. 나중에 다시 설
명하지만, 이 둘은 web.xml 파일의 보안 설정과 일치해야 한다. 어쨌든 이
렇게 하면 JBOSS_HOME/standalone/configuration/application-users.
properties 파일에 새 유저가 추가된다.

JBoss에는 이미 other라는 보안 도메인이 디폴트로 설정되어 있는데, app
lication-users.properties 파일에 저장된 데이터를 읽어 유저를 인증한다.
우선 이 other 도메인을 resteasy-example 프로젝트에 설정하자. WEB-
INF 폴더 밑에 jboss-web.xml 파일을 만들고 다음 코드로 채운다.

```
<?xml version="1.0" encoding="UTF-8"?>
<jboss-web>

  <security-domain>other</security-domain>

</jboss-web>
```

그리고 web.xml 파일에 보안 제약 조건^{constraint}을 써넣자. 다음 코드에서 굵은 글꼴로 표시된 부분만 복사해 붙여넣기 하면 된다.

```xml
<?xml version="1.0" encoding="UTF-8"?>
<web-app version="3.0" xmlns="http://java.sun.com/xml/ns/javaee"
  xmlns:xsi="http://www.w3.org/2001/XMLSchema-instance"
  xsi:schemaLocation="http://java.sun.com/xml/ns/javaee
  http://java.sun.com/xml/ns/javaee/web-app_3_0.xsd">
        <!-- 역할 정의 -->
  <security-role>
    <description>Any role</description>
    <role-name>*</role-name>
  </security-role>


        <!-- 리소스 / 역할 매핑 -->
  <security-constraint>
    <display-name>Area secured</display-name>
    <web-resource-collection>
      <web-resource-name>protected_resources</web-resource-name>
      <url-pattern>/services/*</url-pattern>
      <http-method>GET</http-method>
      <http-method>POST</http-method>
    </web-resource-collection>
    <auth-constraint>
      <description>User with any role</description>
      <role-name>*</role-name>
    </auth-constraint>
  </security-constraint>

  <login-config>
```

```
  <auth-method>BASIC</auth-method>
 </login-config>
```
</web-app>

커맨드 창에서 프로젝트 루트 폴더로 이동한 다음, mvn jboss-as:rede ploy를
실행하자. 그리고 1장과 동일하게 SoapUI 툴에서 http://local host:8080/
resteasy-examples/services/person/에 아래 문자열을 POST 방식으로
요청해보자.

<person><name>Rene</name><lastname>Enriquez</lastname></person>

이런, 401 에러가 난다.

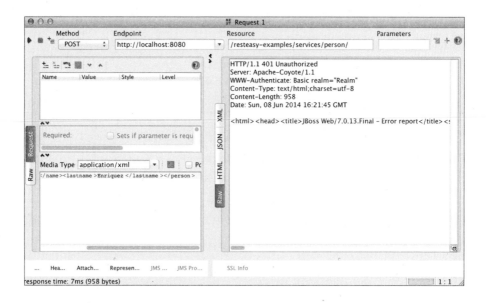

요청이 인가되지 않았다고 한다. 크리덴셜 없이 바로 요청을 날렸으니 당연하
다. SoapUI 화면에서 POST 문자열을 입력하는 부분의 좌측 아래쪽을 잘 보
면 ... 버튼이 있는데, 클릭해서 다음 그림과 같이 방금 전 추가했던 유저의 크
리덴셜을 입력하자.

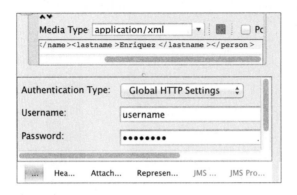

이제 와이어샤크를 실행하고 루프백 주소^{loopback address}[5]의 내부 트래픽을 분석해보자. 상단 메뉴에서 Capture › Interfaces를 찾아 클릭한다.

다음 그림처럼 lo0 체크 박스를 선택하고 Start 버튼을 클릭한다. 이렇게 하면 127.0.0.1 또는 로컬호스트^{localhost}를 통하는 모든 트래픽을 가로채어 분석할 수 있다.

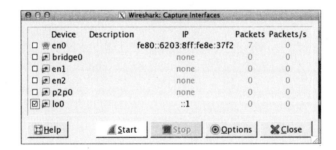

나중에 보겠지만, Filter 필드에 http를 입력하면 HTTP 요청/응답 트래픽만 추려낼 수도 있다.

---

5 컴퓨터의 네트워크 입출력 기능을 시험하기 위하여 가상으로 할당한 인터넷 주소(127.0.0.1). 실제로는 외부 네트워크에 연결되어 있지 않는 소프트웨어적 입출력 주소로서 이 주소로 발송된 데이터들은 되돌아서 다시 이 주소로 수신된 것처럼 동작한다. 웹 서버나 인터넷 소프트웨어의 네트워크 동작 기능을 시험하는 데 사용된다. (출처: 한국정보통신기술협회 IT용어사전) – 옮긴이

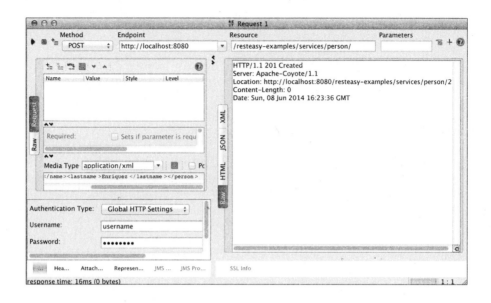

다시 SoapUI로 돌아가 크리덴셜과 함께 요청을 보내면 이번엔 HTTP 201 메시지가 반환된다. 직원 정보가 성공적으로 생성된 셈이다.

이 때 HTTP 트래픽을 붙잡아 와이어샤크로 관찰해보자.

- No: 요청/응답을 식별하기 위한 고유 번호

- Time: 소요 시간

- Source: 요청/응답의 소스 IP

- Destination: 요청/응답의 타겟 IP

- Protocol: 요청/응답 프로토콜

- Length: 요청/응답 본문 길이

- Info: 요청/응답 관련 정보

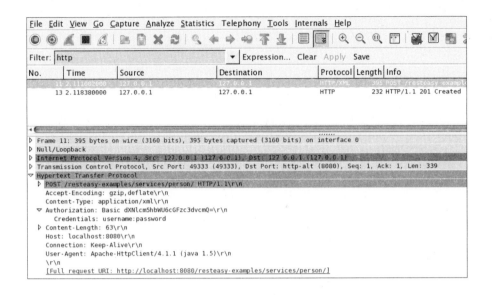

```
File  Edit  View  Go  Capture  Analyze  Statistics  Telephony  Tools  Internals  Help
```

| Filter: | http | ▼ Expression... Clear Apply Save |

No.	Time	Source	Destination	Protocol	Length	Info
11 2.111002000		127.0.0.1	127.0.0.1	HTTP/XML		395 POST /resteasy-example
13 2.118380000		127.0.0.1	127.0.0.1	HTTP		232 HTTP/1.1 201 Created

```
▷ Frame 11: 395 bytes on wire (3160 bits), 395 bytes captured (3160 bits) on interface 0
▷ Null/Loopback
▷ Internet Protocol Version 4, Src: 127.0.0.1 (127.0.0.1), Dst: 127.0.0.1 (127.0.0.1)
▷ Transmission Control Protocol, Src Port: 49333 (49333), Dst Port: http-alt (8080), Seq: 1, Ack: 1, Len: 339
▽ Hypertext Transfer Protocol
  ▷ POST /resteasy-examples/services/person/ HTTP/1.1\r\n
    Accept-Encoding: gzip,deflate\r\n
    Content-Type: application/xml\r\n
  ▽ Authorization: Basic dXNlcm5hbWU6cGFzc3dvcmQ=\r\n
      Credentials: username:password
  ▷ Content-Length: 63\r\n
    Host: localhost:8080\r\n
    Connection: Keep-Alive\r\n
    User-Agent: Apache-HttpClient/4.1.1 (java 1.5)\r\n
    \r\n
    [Full request URI: http://localhost:8080/resteasy-examples/services/person/]
```

화면을 보니 127.0.0.1을 타겟으로 XML 문자열을 POST 방식의 HTTP 프로
토콜 요청을 했다는 사실을 알 수 있다. 유저네임과 패스워드 또한 고스란히
원래 문자열 그대로 찍혀있다. 이렇게 와이어샤크로 피싱[phishing] 공격을 하면
누구든지 크리덴셜을 갈취할 수 있어 결코 안전하지 않다.

다이제스트 인증

다이제스트 인증은 서버에 유저가 입력한 패스워드를 해시[hash]한다. 기본 인
증에서 평문의 패스워드가 누출될 위험이 있었던 것에 비해 훨씬 안전한 방
식이다. 기본 인증의 단점을 보완하기 위해 유저네임과 애플리케이션 보안
영역[realm], 패스워드 세 가지 정보를 조합 후 md5 해시 함수를 적용한다. 이렇
게 하면 침입자가 문자열을 빼내도 해석이 되지 않는다.

프로세스 이해를 돕기 위해 위키피디아에서 발췌한 예제를 인용한다.

예를 들어 설명함

다음 예제는 원래 RFC 2617에 수록된 내용을 요청과 응답, 각각에 해당하는 전문으로 확장된 것이다. 이 글을 쓰는 현재, 정보보호수준(QOP, Quality Of Protection)[6] 코드 중 'auth(인증)'만 구현이 완료되었고, 'auth-int(통합 보호 인증)'는 오페라(Opera)와 캉커러(Konqueror) 웹 브라우저만이 지원한다고 알려져 있다. 명세에는 HTTP 1.1를 다루고 있지만, 1.0 규격 서버에도 얼마든지 적용 가능하다.

대부분의 트랜잭션은 다음 단계들을 거친다.

1. 클라이언트는 인증을 요구하는 페이지에 접속한다. 아직 유저네임/패스워드는 서버에 전달하지 않은 상태다. 대개 유저가 브라우저 주소 창에 단순히 주소를 입력하거나 다른 웹사이트의 하이퍼 링크를 따라 흘러왔기 때문이다.

2. 서버는 401 'Unauthorized(인증되지 않음)'으로 응답하고, 인증 영역 정보 및 무작위 생성한 nonce값을 제공한다.

3. 이 즈음에 브라우저는 인증 영역(보통 접속한 컴퓨터나 시스템에 대한 설명)에 대해 유저에게 알려주고 유저네임/패스워드를 입력할 프롬프트 창을 띄운다. 유저는 이 단계에서 그냥 취소 버튼을 누르고 나갈 수도 있다.

4. 유저가 유저네임/패스워드를 입력하면 클라이언트는 처음 서버의 응답 코드가 포함된 헤더에 인증 헤더를 덧붙여 동일하게 재요청한다.

5. 인증을 통과시킨 후 서버는 해당 페이지를 리턴한다. 만약 유저네임이 틀리거나 패스워드가 일치하지 않으면 서버는 401 응답 코드를 다시 보내고 클라이언트는 유저에게 재입력을 요구할 것이다.

---

6 데이터 수행 시 요구되는 데이터 보호 수준을 나타내는 속성. 인증, 암호, 무결성 등의 조합으로 구성된다. (출처: 한국정보통신기술협회 IT용어사전) - 옮긴이

자, 우리 예제에서도 다이제스트 인증을 적용해보자.

시작하기 전에 JAVA_HOME 환경 변수가 적절히 설정되어 있는지, PATH 변수에 있는지 확인하자. 커맨드 창에서 명령을 실행해보면 알 수 있다.

```
java -version
```

설치된 자바 버전이 표시되면 정상이다.

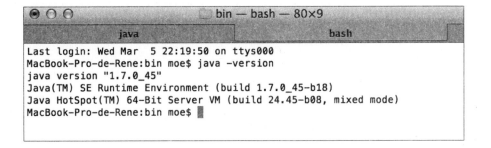

에러가 난다면 JAVA_HOME의 경로를 점검하고 재시도하기 바란다.

앞서 설명한 프로세스를 테스트하려면 우선 가상 유저에게 패스워드를 발급해야 한다. 앞에서 패스워드는 유저네임, 영역명, 패스워드 세 가지를 조합해 만들어진다고 언급했다. 커맨드 창에서 JBOSS_HOME/modules/org/picketbox/main/으로 이동 후, 다음 명령을 내려보자.

```
java -cp picketbox-4.0.7.Final.jar org.jboss.security.auth.callback.
```

```
RFC2617Digest username MyRealmName password
```

결과는 다음과 같다.

RFC2617 A1 hash: 8355c2bc1aab3025c8522bd53639c168

이 암호화된 패스워드를 패스워드 저장 파일(JBOSS_HOME/standalone/configuration/application-users.properties)에서 사용할 수 있게 username 유저의 이전 패스워드를 교체해야 한다. 초기에 만들어진 패스워드에는 애플리케이션의 영역 정보가 들어 있지 않기 때문이다. 아니면, add-user.sh로 아예 처음부터 새 유저를 추가하면서 영역 정보를 함께 넣어도 된다.

애플리케이션을 실행하려면 web.xml 파일에서 auth-method 태그값을 FORM에서 DIGEST로 변경하고 애플리케이션 영역명을 지정한다.

```
<login-config>

  <auth-method>DIGEST</auth-method>

  <realm-name>MyRealmName</realm-name>
</login-config>
```

다음으로, JBoss에서 다이제스트 인증을 관리할 보안 도메인을 하나 만들자. JBOSS_HOME/standalone/configuration/standalone.xml에서 <security-domains>를 찾아 다음과 같이 수정하자.

```
<security-domain name="domainDigest" cache-type="default">
  <authentication>
    <login-module code="UsersRoles" flag="required">
      <module-option name="usersProperties" value="${jboss.server.
```

```
config.dir}/application-users.properties"/>
        <module-option name="rolesProperties" value="${jboss.server.
config.dir}/application-roles.properties"/>
        <module-option name="hashAlgorithm" value="MD5"/>
        <module-option name="hashEncoding" value="RFC2617"/>
        <module-option name="hashUserPassword" value="false"/>
        <module-option name="hashStorePassword" value="true"/>
        <module-option name="passwordIsA1Hash" value="true"/>
        <module-option name="storeDigestCallback"
          value="org.jboss.security.auth.callback.RFC2617Digest"/>
            </login-module>
    </authentication>
</security-domain>
```

마지막으로, jboss-web.xml 파일의 보안 도메인명을 변경한다.

```
<?xml version="1.0" encoding="UTF-8"?>
<jboss-web>
  <security-domain>java:/jaas/domainDigest</security-domain>
</jboss-web>
```

그리고 web.xml 파일에서 인증 방법을 BASIC에서 DIGEST로 변경한 뒤, 보안 영역의 명칭을 입력한다. 다음과 같이 login-config 태그 내의 내용을 바꿔주면 된다.

```
<login-config>
    <auth-method>DIGEST</auth-method>
    <realm-name>MyRealmName</realm-name
</login-config>
```

`mvn jboss-as:redeploy` 명령으로 JBoss 서버 재기동 후 애플리케이션을 재배포하자.

SoapUI로 웹 서비스를 테스트하면서 와이어샤크로 트래픽을 분석해보자. 먼저 SoapUI에서 Authentication Type을 Global HTTP Settings에서 SPNEGO/ Kerberos로 바꿔 더 이상 기본 인증을 사용하지 않도록 한다. 다음은 와이어 샤크 실행 화면을 캡처한 것이다.

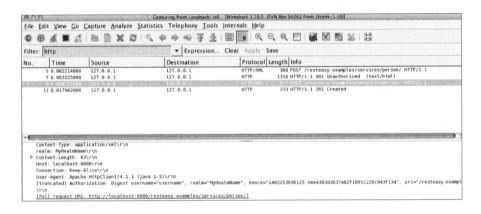

앞서 인용했던 위키피디아 발췌 본문의 프로세스를 No. 필드의 번호를 따라 가며 확인해보자.

5번, 요청이 실행된다.

7번, 서버는 nonce를 생성해 HTTP 401 에러 메시지 코드를 리턴한다. nonce 값 덕분에 재전송 공격$^{replay\ attack}$[7]을 방지할 수 있다.

9번, 서버에 재요청한다. 이번에는 인증에 필요한 정보를 덧붙였고 모든 데이 터는 이미 설명했던 방식으로 암호화된다.

---

7 프로토콜상에서 유효 메시지를 골라 복사한 후 나중에 재전송함으로써 정당한 사용자로 가장하는 공격. 시간이나 순서에 따른 유효성을 검출할 수 있도록 순서 번호나 타임스탬프, 또는 도전/응답 등으로 방어할 수 있다. (출처: 한국정보통신기 술협회 IT용어사전) – 옮긴이

11번, 성공적으로 요청이 실행됐음을 알리는 응답을 받는다.

이상으로, TLS/SSL 암호화 채널로 통신하는 다이제스트 인증은 설사 도청된다 해도 훨씬 더 안전한 인증 방식임을 알 수 있다.

인증서 인증

신뢰할 수 있는 인증서를 통해 서버-클라이언트 간 인증 관계를 맺는 방법이다. CA라 불리는 인증 기관이 해당 인증서를 인증 용도로 사용하기에 법적으로 문제가 없는지 확인 후 서명을 한다.

작동 방식은 이렇다. 클라이언트가 보호된 리소스에 접근할 때, 서버에 유저네임/패스워드 대신 인증서를 제출한다. 인증서에는 유저 인증에 필요한 정보, 즉 크리덴셜과 유일한 개인키-공개키 쌍이 들어있다. 서버는 CA를 통해 유저를 인증하고 인가된 권한을 부여한다. HTTP는 유저의 신원이 노출될 수 있으므로 모든 통신은 HTTPS로만 이루어진다.

우리 예제에도 테스트해보자.

CA는 대개 베리사인^{VeriSign} 같은 큰 회사지만, 여기서는 우리 자신이 CA라고 가정하자. 예제를 실행하려고 여러분의 지갑이 가벼워지게 할 수는 없으니까. 먼저 CA(여러분)의 개인키가 필요하고 이 키로 애플리케이션 서버와 유저가 쓸 인증서에 서명을 할 것이다. 이 글을 쓰는 목적은 보안 인증의 작동 방식을 설명하는 것이니 인증서 생성에 관한 자세한 내용은 다음 깃허브 URL을 참고하자.

https://github.com/restful-java-web-services-security/source-code/tree/master/chapter02/client-cert-authentication

자, 시작하자! 먼저 server.keystore와 server.trutstore 두 파일을 다음

URL에서 내려받아 JBOSS_HOME/standalone/configuration/에 복사한다.

https://github.com/restful-java-web-services-security/source-code/tree/master/chapter02/client-cert-authentication/certificates

좀 전에 인증서 인증 통신 프로토콜은 HTTPS라고 했다. 따라서 JBoss 서버에 HTTPS 통신이 가능하도록 설정해야 한다. standalone.xml 파일에서 다음 문자열을 검색하자.

```
<connector name="http"
```

그리고 그 밑에 다음 코드를 삽입해 커넥터connector[8]를 추가한다.

```
<connector name="https" protocol="HTTP/1.1" scheme="https"
socketbinding="https" secure="true">
  <ssl password="changeit"
certificate-key-file="${jboss.server.config.dir}/server.keystore"
verify-client="want"
ca-certificate-file="${jboss.server.config.dir}/server.truststore"/>

</connector>
```

보안 도메인은 다음과 같이 추가한다.

```
<security-domain name="RequireCertificateDomain">
  <authentication>
    <login-module code="CertificateRoles" flag="required">
```

---

8 JBoss의 기본 엔진은 톰캣(Tomcat)이고, 톰캣의 커넥터는 요청/응답 객체를 컨테이너로 전달하는 컴포넌트다. 이 책의 저자는 독자들이 기본적인 WAS 설정에 대한 개념은 갖고 있다고 전제하기 때문에 이러한 용어가 다소 생소한 독자들도 있을 것이다. JBoss AS 7 서버에 대한 좀 더 상세한 내용은 『JBoss AS 7 따라잡기』(2013, 에이콘출판사)를 참고하기 바란다. - 옮긴이

```xml
      <module-option name="securityDomain"
        value="RequireCertificateDomain"/>
      <module-option name="verifier"
        value="org.jboss.security.auth.certs.AnyCertVerifier"/>
      <module-option name="usersProperties"
        value="${jboss.server.config.dir}/my-users.properties"/>
      <module-option name="rolesProperties"
        value="${jboss.server.config.dir}/my-roles.properties"/>
    </login-module>
  </authentication>
  <jsse keystore-password="changeit"
  keystoreurl="file:${jboss.server.config.dir}/server.keystore"
  truststore-password="changeit"
  truststoreurl="file:${jboss.server.config.dir}/server.truststore"/>
</security-domain>
```

XML 코드를 보고 짐작한 독자도 있겠지만, my-users.properties와 my-roles.properties, 이 두 파일이 필요하다. 그냥 빈 텍스트 파일로 JBOSS_HOME/standalone/configuration에 만들자.

web.xml 파일에서 <user-data-constraint> 태그를 찾아 다음과 같이 수정한다.

```xml
<security-constraint>
  ...<user-data-constraint>

  <transport-guarantee>CONFIDENTIAL</transport-guarantee>
  </user-data-constraint>
</security-constraint>
```

인증 방식은 CLIENT-CERT로 수정한다.

```xml
<login-config>
  <auth-method>CLIENT-CERT</auth-method>
</login-config>
```

jboss-web.xml에서 보안 도메인을 바꾸는 것으로 설정은 마무리된다.

```xml
<?xml version="1.0" encoding="UTF-8"?>
<jboss-web>
  <security-domain>RequireCertificateDomain</security-domain>
</jboss-web>
```

이전과 똑같이 mvn jboss-as:redeploy 명령어로 재배포하자.

SoapUI에서 인증서 인증 방식으로 테스트하려면 번거롭지만 설정이 하나 더 필요하다. SoapUI를 설치한 디렉터리에서 vmoptions.txt를 찾아 파일 끝에 다음 한 문장을 추가하자.[9]

-Dsun.security.ssl.allowUnsafeRenegotiation=true

이제 SoapUI의 SSL 설정을 바꿀 차례다. File ➤ Preferences 화면으로 이동하자.

팝업창에서 SSL Settings 탭을 선택하고 다음 그림처럼 값을 입력한다.

---

9 윈도우 환경에서는 vmoptions.txt 파일은 없고, SoapUI-5.0.0.vmoptions 파일을 찾아 추가하면 된다. 테스트 환경 및 SoapUI 설치 버전에 따라 차이가 있을 수 있으니 참고하기 바란다. – 옮긴이

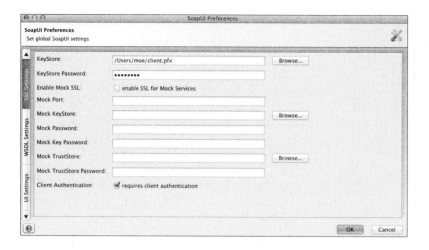

KeyStore는 .pfx 파일을 복사할 경로다. KeyStore Password는 changeit을 기재하고 requires client authentication 체크 박스를 꼭 선택하자.

변경한 내용을 테스트해보자.[10] 와이어샤크를 실행하고 SoapUI로 다시 요청을 보내면 다음 화면처럼 트래픽이 와이어샤크에 포착된다.

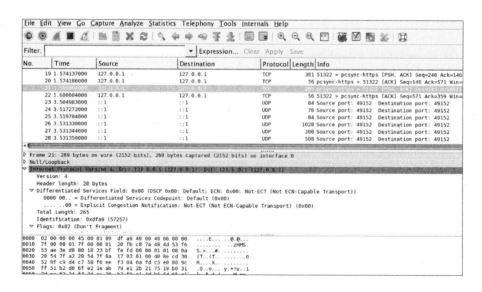

---

10 원서에는 없지만 이 부분에서 테스트 URL이 바뀌어야 한다. SoapUI에서 http://localhost:8080를 https://localhost:8443
    으로 변경해야 한다. JBoss의 SSL 기본 포트는 8443이다. – 옮긴이

보다시피 모든 정보가 암호화되어 해독이 불가하다. 이래서 전송된 패킷이 새어 나가 누군가의 손에 넘어가더라도 결과는 별로 치명적이지 않다.

API 키

클라우드 컴퓨팅의 등장으로 인해 이제 동일 클라우드 상에서 다른 애플리케이션과 통합을 도모하는 건 흔한 일상이 되어버렸다. 쉬운 예로, 플리커^{Flickr}, 페이스북^{Facebook}, 트위터^{Twitter}, 텀블러^{Tumblr} 등의 SNS 플랫폼과의 연계가 그렇다.

이러한 외부 서비스들과 통합하려면 API 키를 이용한 새로운 인증 방식을 개발해야 한다. 외부의 애플리케이션으로부터 인증을 받지만, 애플리케이션 깊숙한 곳에 위치한, 유저의 사적인 데이터는 건드려선 안 될 경우에 보통 이런 인증 방식을 사용한다. 하지만 역으로, 만약 이런 사적인 유저 공간에 발을 들여놓아야 한다면 현재로선 OAuth 외에 다른 대안은 없다. 이 멋진 기술에 대해서는 차후 다시 살펴볼 예정이니 궁금함은 잠시 참아주기 바란다.

여기서는 플리커를 예로 설명한다(구글, 페이스북 등도 결국은 같은 개념이다). API 키가 어떻게 작동하는지 이해하는 것이 중요한데, 사용해본 적이 없는 독자를 위해 간단히 소개하자면, 플리커는 클라우드에 개인적인 사진, 이미지, 스크린샷 등의 파일을 보관하는 서비스다.

먼저 다음 URL에서 API 키를 하나 발급받자.

https://www.flickr.com/services/developer/api/

플리커와 연동할 애플리케이션의 명칭을 입력하면, Secret과 Key, 두 값을 다음과 같이 보여줄 것이다.

The App Garden

Create an App API Documentation Feeds What is the App Garden?

Done! Here's the API key and secret for your new app:

resteasy application

Key:

Secret:

Edit app details · Edit auth flow for this app · View all Apps by You

유저가 생성한 모든 애플리케이션은 플리커 앱 가든^{Flickr App Garden}의 일부가 된다. 앱 가든은 그냥 모든 플리커 사용자들의 애플리케이션을 한데 묶어놓은 공간이라 생각하면 된다.

API 키 발급 시 여러분이 서비스 공급자(플리커)가 제시한 이용 약관에 동의했다는 걸 상기하기 바란다. 이 약관에는 의무 및 금지 조항을 다음과 같이 명시하고 있다.

a. 의무 조항

플리커 커뮤니티 가이드라인(www.flickr.com/guidelines.gne), 플리커 이용 약관(http://www.flickr.com/terms.gne), 야후 이용 약관(http://docs.yahoo.com/info/terms/)을 준수해야 한다.

…

b. 금지 조항

플리커 API를 플리커 서비스가 제공하는 근본적인 사용자 경험을 대체 또는 복제하려는 의도를 가지고 애플리케이션에 사용하는 일은 금지된다.

…

이렇게 유저가 이용 약관에 동의를 하게 해야 API 오남용을 방지하고, 만에 하나 유저가 약관을 위반할 때 서비스 공급자가 API 키를 강제로 회수할 수 있다.

플리커는 애플리케이션 제작에 활용 가능한 아주 다양한 메소드를 구비하고 있다. 이 중 flickr.photos.getRecent 메소드는 최근 플리커에 게시된 사진 목록을 가져온다. URL은 다음과 같다.

https://www.flickr.com/services/rest?method=flickr.photos.getRecent&;&api+key=[your_api_key_from_flicker]

your_api_key_from_flicker 부분에 API 키를 넣고 요청하면 다음과 같은 XML 응답 결과가 표시될 것이다.

과정을 한번 떠올려보자! URL에 실린 정보는 HTTPS라는 도로를 타고 여행을 시작한다. 플리커 서버에 도착할 무렵, 서버는 API 키와 유저에게 발급한 시크릿 키를 읽어 인증을 마친다. 문제가 없다면 서버는 클라이언트에게 최근 플리커에 게시된 사진 목록을 반환할 것이다. 여러분도 쉽게 서비스 공급자의 API를 통해 애플리케이션을 만들 수 있다. 업체 입장에서는 유저를 인증하고 공개된 정보에 접근할 수 있게 해주는 동시에, 유저가 약관에 위배되는 행위를 하는지 API 키가 전달된 수많은 요청 건을 모니터링해야 한다.

정리

2장에서는 보안 관리 모델을 살펴봤고, 다음 장에서 이 기술들을 활용해 본격적으로 웹 서비스에 적용해볼 것이다.

혹시 예제 코드를 실행하다 문제가 생겼다 하더라도 일단 걱정 말고 3장으로 직행하기 바란다. 어차피 각 인증 모델에 대해서는 다시 자세히 살펴볼 것이다.

보안 관리 모델을 올바로 채택하는 것은 정말 중요하다. 이를 소홀히 할 때, 정보가 노출되어 제삼자에게 흘러 들어갈 수도 있음을 깨달았을 것이다.

인증과 인가의 차이점도 설명했다. 두 용어는 보안 용어 전체를 통틀어서 가장 중요한 개념이니 반드시 이해하고 넘어가기 바란다.

자, 이제 책장을 넘기고 웹 서비스 보안의 세계로 떠나보자.

3

RESTEasy 보안 관리

2장까지 마친 여러분이 학습의 즐거움을 누리고 있길 바란다. 이번에는 보안 관리에 대한 좀 더 상세하고 심화된 내용을 공부하자.

RESTful 웹 서비스 애플리케이션의 보안 관리에서 우리가 잠시 접어둔 주제가 있다. 이전 장에서 인증과 인가 모두 언급은 했지만, 인가에 대해서는 여기서 자세히 살펴볼 요량으로 잠시 미뤄둔 바 있다.

3장에서 다룰 내용은 다음과 같다.

- 인증/인가와 관련해 보안 제약 사항을 애플리케이션에 구현
- 소단위 보안 구현
- 애노테이션을 이용한 소단위 자원 접근 통제

대단위/소단위 보안

보안 관리는 크게 대단위[coarse-grained]와 소단위[fine-grained], 두 계층의 관점에서 생각할 수 있다.

대단위라는 말은 일반적으로 애플리케이션 내부의 상위 계층에 위치한 보안 시스템을 가리킨다. 예컨대, '2장, 웹 서비스 보안의 중요성' 예제 코드에서 유저가 일단 인증을 받고 나면 역할[role]에 상관없이 웹 서비스를 이용할 수 있었다. 인증만 통과하면 이후 별다른 제약이 없는 것이다. 그러나 실제로는 유저를 인증하는 것만으론 부족하며, 해당 유저가 어떤 기능을 이용할 수 있는지 세밀한 인가 과정을 통해 통제해야 한다. 그래서 소단위 보안 관리가 필요하고, 사전에 각 유저에게 개별적으로 권한을 할당하는 것이다.

개념을 이해하기 위해 2장의 예제를 그대로 재사용한다.

관리자 역할의 유저에게만 애플리케이션 기능을 오픈한다고 가정하자. web.xml 파일에 다음 제약 조건(굵은 글꼴로 표시한 부분)을 추가한다.

```xml
<?xml version="1.0" encoding="UTF-8"?>
<web-app version="3.0" xmlns="http://java.sun.com/xml/ns/javaee"
  xmlns:xsi="http://www.w3.org/2001/XMLSchema-instance"
  xsi:schemaLocation="http://java.sun.com/xml/ns/javaee
  http://java.sun.com/xml/ns/javaee/web-app_3_0.xsd">

  <security-role>
    <description>Application roles</description>
    <role-name>administrator</role-name>
  </security-role>
  <security-constraint>
    <display-name>Area secured</display-name>
    <web-resource-collection>
```

```
    <web-resource-name>protected_resources</web-resource-name>
    <url-pattern>/services/*</url-pattern>
  </web-resource-collection>
  <auth-constraint>
    <description>User with administrator role</description>
    <role-name>administrator</role-name>
  </auth-constraint>
  </security-constraint>
  <login-config>
    <auth-method>BASIC</auth-method>
  </login-config>
</web-app>
```

username 유저로 접속해 서버 요청을 하면 403 Forbidden 에러가 난다.
놀라지 마시길!

만약 인증 정보가 잘못됐다면 다음 그림처럼 HTTP/1.1 401 Unauthorized
에러가 났을 테고, 인증 실패로 접근이 불허된 것이니 놀랄 일은 아니다. 그런
데 HTTP/1.1 403 Forbidden 에러는 유저 로그인이 성공했는데도 불구하
고 애플리케이션 기능을 이용할 권한이 없다는 뜻이다.

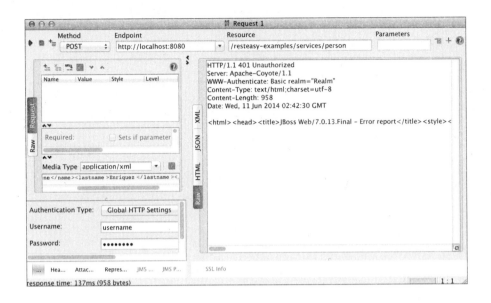

다음 그림을 따라하면서 JBOSS_HOME/standalone/bin/adduser.sh로 관리자 역할의 유저를 생성하자.

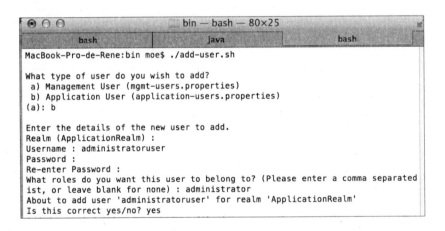

SoapUI에서 크리덴셜을 변경하고 재요청하면 성공할 것이다.

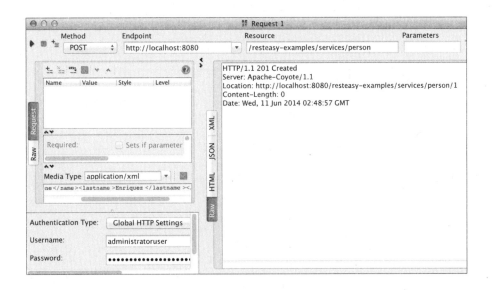

이와 같이 웹 서비스 기능을 이용 가능한 유저를 관리자 역할의 유저로 제한할 수 있다. 실제 대부분의 업무 시스템에서도 이와 유사한 방법으로 접근을 통제한다. 접근 통제 수준을 구체화하면 좀 더 작은 단위로 쪼개어 제어할 수 있는데, 바로 다음 절에서 다루는 내용이다.

HTTP 메소드 보안

유저 역할에 따라 저장, 삭제, 읽기 권한을 따로 부여해 접근 통제를 할 때, JAAS를 이용하면 메소드 레벨까지 입맛에 맞게 세팅할 수 있다. JAAS의 강점 중 하나다.

그 전에 HTTP 메소드를 잠시 짚고 넘어가자. 이미 알다시피 RESTEasy 예제에서는, 직원 정보 저장에 HTTP POST 메소드를, 정보 조회에 HTTP GET 메소드를 각각 사용한다. 그러므로 관리자 역할의 유저는 savePerson (HTTP POST) 메소드를, 구독자reader 역할의 유저는 findById (HTTP GET) 메소드를 쓸 수 있게 web.xml 파일을 수정하자.

```xml
<?xml version="1.0" encoding="UTF-8"?>
<web-app version="3.0" xmlns="http://java.sun.com/xml/ns/javaee"
   xmlns:xsi="http://www.w3.org/2001/XMLSchema-instance"
   xsi:schemaLocation="http://java.sun.com/xml/ns/javaee
   http://java.sun.com/xml/ns/javaee/web-app_3_0.xsd">
   <!-- 역할 정의 -->
   <security-role>
     <description>Role for save information</description>
     <role-name>administrator</role-name>
   </security-role>
   <security-role>
     <description>Role for read information</description>
     <role-name>reader</role-name>
   </security-role>

   <!-- 리소스 / 역할 매핑 -->
   <security-constraint>
     <display-name>Administrator area</display-name>
     <web-resource-collection>
       <web-resource-name>protected_resources</web-resource-name>
       <url-pattern>/services/*</url-pattern>
       <http-method>POST</http-method>
     </web-resource-collection>
     <auth-constraint>
       <description>User with administrator role</description>
       <role-name>administrator</role-name>
     </auth-constraint>
   </security-constraint>
   <security-constraint>
     <display-name>Reader area</display-name>
```

```
    <web-resource-collection>

      <web-resource-name>protected_resources</web-resource-name>

      <url-pattern>/services/*</url-pattern>

      <http-method>GET</http-method>

    </web-resource-collection>

    <auth-constraint>

      <description>User with reader role</description>

      <role-name>reader</role-name>

    </auth-constraint>

  </security-constraint>


  <login-config>

    <auth-method>BASIC</auth-method>

  </login-config>

</web-app>
```

책장을 넘기기 전에 JBOSS_HOME/standalone/bin/adduser.sh 스크립트로 readeruser라는 유저를 만들고 구독자 역할을 부여하자.

HTTP 메소드: POST

POST 메소드를 사용할 권한이 없는 구독자 역할을 갖고 서버에 POST 요청을 하면 다음 그림과 같이 403 에러가 난다.

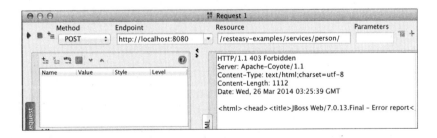

관리자 역할 롤을 갖고 재요청해보자. 이번에는 문제없이 잘 실행될 것이다.

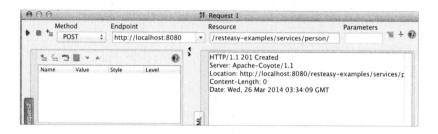

HTTP 메소드: GET

이번엔 구독자 역할을 갖고 GET 메소드 요청을 하자. 아까와는 정반대로 문제
없이 직원 정보가 조회될 것이다.

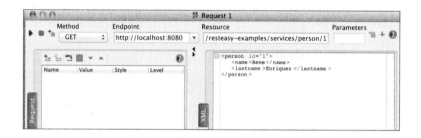

관리자 역할은? GET 메소드 권한이 없으니 분명히 에러가 날 것이다.

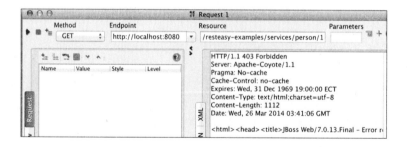

롤에 기반한 차별적인 권한 적용은 URL 패턴으로도 가능하다. 예제에서
는 /service/* 패턴의 URL에 제약을 가했으나, 한 단계 하위로 내려(예: /

service/person/*) 적용할 수도 있다. 시스템 오픈 후 추가된 서비스 URL이 /services/other-service/라고 해도 같은 방법으로 /service/person/*, /services/other-service/* 둘 다 롤에 해당하는 접근 권한을 설정할 수 있다. 간단하고 기본적인 내용이라 어렵지 않게 이해할 수 있으리라 본다.

web.xml 파일에서 URL 패턴을 결정한 후 그 밑에 HTTP 메소드를 기재하는데, 여기서 한 가지 의문이 든다. 이 파일에 없는 메소드로 호출하면 어떻게 될까?

소프트웨어의 보안 취약점을 전문적으로 연구하는 OWASP[Open Web Application Security Project]라는 비영리 단체는 이에 대해 다음과 같이 밝힌다.

> "HTTP 메소드 탬퍼링[verb tampering]으로 웹 인증 및 인가 과정을 우회할 것: 당신
> 의 부주의로 인해 공격자는 웹 애플리케이션의 모든 권한을 획득할 수도 있다."

궁금한 독자는 전문을 일독하기 바란다.

http://dl.packetstormsecurity.net/papers/web/Bypassing_VBAAC_with_HTTP_Verb_Tampering.pdf

이 문서의 요지는 간단하다. 개발자가 예방 대책을 세워두지 않으면 JEE 플랫폼의 설정 파일인 web.xml에 적어놓지 않은 메소드를 침입자가 아무런 제약 없이 악용할 수 있으며, 이는 잠재적으로 보안 허점을 노출시키는 결과를 가져오게 된다. 즉 애플리케이션으로부터 인증받지 않은 사람도 다른 HTTP 메소드를 써서 마음껏 서버를 호출할 수 있다.

OWASP 문서에는 또 다음과 같이 적혀있다.

> "불행히도 이렇게 구현된 거의 모든 코드들이 예측할 수 없고 안전하지 않은 형
> 태의 war 파일에서 작동하고 있다. 특정하지 않은 메소드로의 접근을 거부하는
> 것이 아니라 외려 허용하는 꼴이다. 우스꽝스럽게도, 메소드를 특정하는 행위

가 개발자가 의도했던 것과는 달리 오히려 외부 접근을 더 수월하게 만들었다."

무슨 말인지 예를 하나 들어 설명해보자.

도서 출판을 위해 제작된 웹 애플리케이션이 있다고 가정하자. 이 시스템에 접속하는 유저는 책을 집필할 수 있는 저자와 도서 내용을 리뷰하고 코멘트를 달 수 있는 교정자, 두 가지 역할 중 하나에 속한다. 그런데 이 출판사와 아무 관련도 없는 어떤 사람이 우연히 이 애플리케이션의 URL을 알게 되었다. 당연히 이 사람은 서버 접속에 필요한 크리덴셜이 없으니 접근 자체가 허용되지 않아야 맞다. 그러나 OWASP 문서에 따르면 응당 그래야 하는데도 실제로는 이렇게 인증되지 않은 유저가 접속을 해서 심지어는 도서 데이터를 지우는 등의 말도 안 되는 행위를 할 가능성이 있다.

예제 코드를 보며 자세히 살펴보고, OWASP가 권고한 해결 방법을 알아보자.

PersonService 클래스에서 서버 메모리에 저장된 직원 정보를 ID로 찾아 삭제하는 메소드를 추가하자. HTTP DELETE 방식으로 호출할 것이다. 다음 형식의 URL 끝에 ID를 붙여 요청한다.

http://localhost:8080/resteasy-examples/services/person/[ID]

코드는 다음과 같다.

```
@DELETE
@Path("{id}")
public Response delete(@PathParam("id") int id) {
  Person person = dataInMemory.get(id);
  if (person == null) {
    // 해당 ID를 가진 직원이 없다면
    throw new WebApplicationException(Response.Status.NOT_FOUND);
  }
```

```
dataInMemory.remove(id);
return Response.status(Status.GONE).build();
}
```

테스트하기 전, 삭제할 직원 정보 몇 개를 SoapUI로 생성해두자. 기억하겠지만 HTTP POST로 다음과 같이 요청하면 된다.

`<person><name>Rene</name><lastname>Enriquez</lastname></person>`

SoapUI에서 DELETE 메소드를 선택 후 삭제할 직원의 ID를 서버에 요청하면 다음 그림과 같이 표시될 것이다.

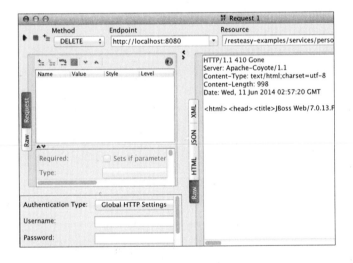

삭제 후 HTTP/1.1 401 Gone이라는 메시지를 받았다. 해당 리소스를 더 이상 사용할 수 없다는 뜻이다. 이제 이해가 되는가? HTTP DELETE 메소드에 대해선 아무 설정도 안 했는데 사용 가능한 메소드로 통했다. 아무 유저나 인증 없이 시스템의 리소스를 마음껏 휘젓고 다닐 수 있다는 말이다.

이 취약점을 보완하기 위해 OWASP는 web.xml 파일에 HTTP 메소드에 대해 '아무것도 적지 말라'고 권고한다. 이렇게 하면 서버는 모든 HTTP 메소드에 대해 접근을 거부한다. 다음 코드를 보자.

```
<security-constraint>
  <display-name>For any user</display-name>
  <web-resource-collection>
  <web-resource-name>protected_resources</web-resource-name>
    <url-pattern>/services/*</url-pattern>
  </web-resource-collection>
  <auth-constraint>
    <description>User with any role</description>
    <role-name>*</role-name>
  </auth-constraint>
</security-constraint>
```

인증을 마친 유저는 다음과 같이 새로운 역할을 추가해 구분한다.

```
<security-role>
  <description>Any role</description>
  <role-name>*</role-name>
</security-role>
```

이렇게 설정을 바꾸고 다시 SoapUI로 테스트해보면 HTTP/1.1 401 Unauthorized 에러가 난다. 인증되지 않은 유저이므로 실행을 거부한 것인데, 이제 더 이상 인증받지 못한 외부인이 함부로 DELETE나 다른 HTTP 메소드를 사용할 수 없다는 것을 의미한다.

애노테이션을 이용한 소단위 보안 구현

모든 보안 설정을 web.xml 파일에 기재하는 대신, 작은 단위로 나눠 구현할 수도 있다. JEE 플랫폼은 애노테이션을 사용해 보안 체크를 하는 기능을 제공하는데, 필요에 따라 다음 셋 중 택일해 사용한다.

- @RolesAllowed

- @DenyAll

- @PermitAll

@RolesAllowed 애노테이션

@RolesAllowed는 메소드 또는 클래스 레벨에서 사용하는 애노테이션인데, 표시된 리소스에 대해 사용 권한을 가진 역할 모음을 정의한다. 먼저 web.xml 파일에 다음과 같이 굵은 글꼴로 표시한 부분을 삽입해 사전에 정의된 역할들의 접근을 허락한다.

```xml
<?xml version="1.0" encoding="UTF-8"?>
<web-app version="3.0" xmlns="http://java.sun.com/xml/ns/javaee"
  xmlns:xsi="http://www.w3.org/2001/XMLSchema-instance"
  xsi:schemaLocation="http://java.sun.com/xml/ns/javaee
  http://java.sun.com/xml/ns/javaee/web-app_3_0.xsd">
  <!-- 역할 정의 -->
  <context-param>
    <param-name>resteasy.role.based.security</param-name>
    <param-value>true</param-value>
  </context-param>
  <security-role>
    <description>Any role</description>
    <role-name>*</role-name>
  </security-role>
  <!-- 리소스 / 역할 매핑 -->
  <security-constraint>
```

```xml
    <display-name>Area for authenticated users</display-name>
      <web-resource-collection>
        <web-resource-name>protected_resources</web-resource-name>
        <url-pattern>/services/*</url-pattern>
      </web-resource-collection>
      <auth-constraint>
        <description>User with any role</description>
        <role-name>*</role-name>
      </auth-constraint>
    </security-constraint>
    <login-config>
      <auth-method>BASIC</auth-method>
    </login-config>
</web-app>
```

PersonService 클래스의 메소드별로 실행 가능한 권한을 가지고 있는 롤들을 @RolesAllowed로 정의한다.

```java
@RolesAllowed({ "reader", "administrator" })
@POST
@Consumes("application/xml")
public Response savePerson(Person person) {...


@RolesAllowed({ "administrator" })
@GET
@Path("{id}")
@Produces("application/xml")
public Person findById(@PathParam("id") int id) {...
```

SoapUI로 테스트해보자.

savePerson 메소드

관리자 역할 가진 유저로 `PersonService` 클래스의 `savePerson` 메소드를 불러보자. `@RolesAllowed`로 구독자, 관리자 역할 모두 권한을 부여했으므로 그림과 같이 잘 실행된다.

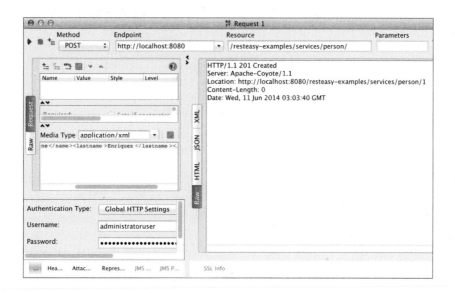

이번에는 구독자 역할 테스트다.

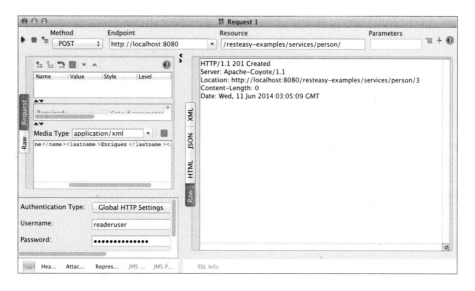

앞서 언급한 대로 savePerson 메소드는 구독자 역할을 가진 유저에게도 권한
을 주었으니 문제없이 실행된다.

findById 메소드

이번에는 관리자 역할을 가진 유저가 findById 메소드를 호출했다고 해보자.

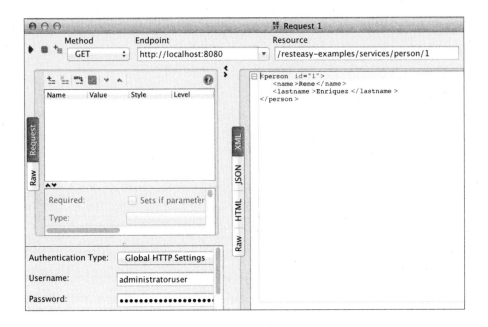

@RolesAllowed({ "administrator" })이라고 코딩했으므로 관리자 역할을 가
진 유저는 실행에 문제가 없을 것이다. 그러나 구독자 역할 롤을 가진 유저는
권한이 없으므로 401 에러가 날 것이다.

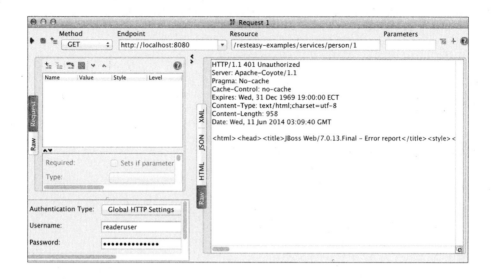

정리하면, @RolesAllowed 애노테이션으로 특정 메소드에 특정 권한을 부여할 수 있고, findById 메소드는 관리자 역할만 실행 권한이 있기 때문에 구독장 역할의 유저는 실행할 수 없다.

@DenyAll 애노테이션

@DenyAll은 유저가 인증을 받았든, 어떤 역할을 가졌든 상관없이 절대 작동시키면 안 될 기능에 붙인다. 명세서에는 다음과 같이 정의되어 있다.

> "어떤 역할이라도 보안상 외부로부터 호출해서는 안 될 메소드, 즉 J2EE 컨테이너(container) 내에서 실행을 차단시킬 메소드를 지정한다."

@PermitAll 애노테이션

@PermitAll은 어떤 유저든 로그인만 하면 지정된 리소스(클래스 메소드)에 접근해 실행할 수 있음을 보장하는 애노테이션이다. 즉 유저는 인증만 받으면 그만이고 어떤 역할을 가졌는지는 상관없다.

이상 살펴본 세 애노테이션 중에 역시 가장 많이 사용되는 것은 의심할 여지도 없이 @RolesAllowed이다. @PermitAll은 web.xml에서 다른 방법으로도 구현할 수 있고, @DenyAll은 특별한 경우에만 제한적으로 사용된다.

프로그래밍으로 구현하는 소단위 보안

지금까지 배운 방법 이외에 다른 프로그래밍으로도 접근 통제를 구현할 수 있다.

웹 서비스 실행 메소드에 파라미터를 추가해 전달하는 것인데, 이런 식으로 클라이언트가 해당 메소드를 호출하거나 메소드 자체의 실행 방법을 바꾸지 않고도 보안 컨텍스트에 접근할 수 있다. 이 파라미터는 다음 형태로 포함되어야 한다.

```
@GET...
@Consumes("text/xml")
public returnType methodName(@Context SecurityContext secContext, …)
{...
```

savePerson 메소드에 한번 적용해보자. 원래 메소드는 다음과 같이 파라미터 1개를 갖고 있었음을 상기하자.

```
@POST
@Consumes("application/xml")
public Response savePerson(Person person) {
  int id = dataInMemory.size() + 1;
  person.setId(id);
  dataInMemory.put(id, person);
  return Response.created(URI.create("/person/" + id)).build();
}
```

수정 후엔 파라미터가 2개로 늘어난다.

```
@POST
@Consumes("application/xml")
public Response savePerson(@Context SecurityContext secContext,
    Person person) {
  int id = dataInMemory.size() + 1;
  person.setId(id);
  dataInMemory.put(id, person);
  return Response.created(URI.create("/person/" + id)).build();
}
```

javax.ws.rs.core.SecurityContext 인터페이스를 상속하면 다음 세 가지 메소드를 구현해야 한다.

- isUserInRole()

- getUserPrincipal()

- isSecure()

isUserInRole 메소드는 @RolesAllowed와 유사하다. 로그인한 유저가 어떤 역할에 해당하는지 체크한다.

```
@POST
@Consumes("application/xml")
public Response savePerson(@Context SecurityContext secContext,
    Person person) {
  boolean isInDesiredRole =   secContext.isUserInRole
    ("NameOfDesiredRole");
  int id = dataInMemory.size() + 1;
  person.setId(id);
  dataInMemory.put(id, person);
```

```
    return Response.created(URI.create("/person/" + id)).build();
}
```

getUserPrincipal 메소드는 애플리케이션의 프라이머리[primary] 유저, 즉 로그인한 유저 정보를 가져온다. 유저네임 같은 정보가 필요할 때 이 메소드로 조회할 수 있고, 감사 추적[audit trail][1] 용도로도 요긴하게 쓰인다.

isSecure 메소드는 호출 및 실행 과정이 보안 채널을 통해 이루어지고 있는지, 즉 HTTPS를 통해 데이터 송수신이 이루어지고 있는지 확인한다.

여러분도 알다시피 HTTP, HTTPS 모두 데이터를 주고받는 프로토콜이다. HTTP는 그리 중요하지 않은 덜 민감한 데이터를, HTTPS는 유출되면 안 될 민감한 데이터를 주고받을 때 각각 사용한다.

ABC 은행의 웹 포털을 예로 들면, 이 은행이 제공하는 서비스와 비즈니스 관련 안내 문구들이 소개된 홈페이지는 HTTP만으로 충분하다. 하지만 고객 계좌나 송금 정보가 포함된 정보는 반드시 HTTPS로 보안 통신을 해야 한다. 만에 하나 유출되더라도 암호화되어 있으므로 해커가 와이어샤크로 패킷을 캐내는 데 성공해도 해독은 불가하다.

이미 '2장, 웹 서비스 보안의 중요성'에서도 HTTPS를 테스트해보면서 어떤 부분이 달라지는지 눈으로 확인한 바 있다.

isSecure 메소드의 결과값은 HTTP면 false, HTTPS이면 true다.

이 세 가지 메소드는 소단위 보안 체크 구현 시 아주 유용하게 쓰인다. 감사 추적 시 어떤 기능이 HTTPS 등의 보안 프로토콜하에서 실행되었는지, 또 그 기능을 접근해 실행한 유저가 누구인지를 밝혀내는 등의 용도로 쓸 수 있다.

---

1 감사를 위해 입력된 데이터가 어떤 변환 과정을 거쳐 출력되는지의 과정을 기록하여 추적하는 방법(출처: 한국정보통신기술협회 IT용어사전) – 옮긴이

정리

애플리케이션 보안 구현에 관한 요구 사항은 매우 다양하다. 3장에서 우리는 JAX-RS가 제공하는 보안 관련 기능들을 살펴봤다. 처음에는 아주 기본적인 모델(대단위)에서 시작해, 설정 파일 또는 프로그래밍적인 방법으로 좀 더 철저하게 제어할 수 있는 정교한 모델(소단위)까지 알아봤다.

보안 관련 설정은 가급적 web.xml 파일에 모두 담아두는 것이 좋다. 유지보수 측면에서도 한곳에서 중앙 관리하는 것이 유리하기 때문이다. 소스 코드 레벨에서 보안 설정을 적용하면 대개 한 프로젝트에 무수히 많은 클래스들이 있기 때문에 나중에 변경 사항이 발생하면 일일이 작업하기가 만만치 않다.

다음 장에서는 OAuth라는 아주 흥미로운 주제에 대해 이야기하고자 한다. OAuth는 수많은 인터넷 애플리케이션에서 광범위하게 사용되고 있는 프로토콜로, 구글, 트위터, 페이스북 같은 월드 와이드 웹 세상의 거대 기업들도 OAuth를 사용해 성공한 사례가 있다.

4
RESTEasy 스켈레톤 키

벌써 4장이다! 지금까지 잘 따라왔기를 바란다. 이제 또 다른 무대로 여러분을 안내하겠다.

4장에서는 RESTEasy 애플리케이션에 추가적으로 몇 가지 보안 장치를 설계/구현하고, OAuth와 RESTEasy 스켈레톤 키[1], OAuth 서버 설정 등의 기술을 다룬다. 또 이전 장과 마찬가지로 이론으로만 그치는 것이 아니라, 실용적인 예제를 통해 OAuth 구현에 필요한 메소드와 클래스를 구체적으로 애플리케이션에 적용하는 방법을 살펴볼 것이다.

4장에서 다룰 내용은 다음과 같다.

- OAuth와 RESTEasy
- 보안 관리를 위한 SSO 설정
- 액세스 토큰access token
- 커스텀 필터custom filter

---

1 스켈레톤 키란 여러 자물쇠에 쓸 수 있는 열쇠를 말한다. 흔히 마스터 키라고도 하고, 우리말로는 곁쇠라고 한다. – 옮긴이

- 테스트용 웹 서비스 클라이언트

SNS를 써본 독자라면 알겠지만, SNS는 한 사람이 다수의 계정을 갖고 다른 서비스에 쉽게 연동해 글을 게시하며 정보를 공유할 수 있다. 즉 하나의 애플리케이션이 다른 애플리케이션과 정보/리소스를 주고받는 것이다. 만약 그렇게 오고가는 정보가 여러분의 계정이나 연락처와 같은 민감한 정보라면 보안 적용은 필수다. 서드파티 애플리케이션이 제한된 권한을 부여받아 연락처 정도를 조회할 수는 있을 것이다. 이는 리소스 소유자를 대신해 외부 애플리케이션이 해당 리소스를 활용할 수 있게 해주는, 아주 중요하고도 매력적인 기능을 오픈하는 것이다. 과연 이런 상황에서는 어떻게 인증을 처리할 수 있을까?

OAuth 프로토콜

OAuth는 한 개인이 소유한 리소스를 별도 인증 없이 한 사이트(서비스 공급자)에서 다른 사이트(컨슈머)로 안전하게 권한을 부여하기 위한 오픈 프로토콜이다.

예를 들어, 스마트폰이나 SNS의 연락처를 사용하기 위해 다른 웹사이트나 모바일 앱에 권한을 주는 것을 떠올려볼 수 있다.

OAuth와 RESTEasy 스켈레톤 키

인증 프레임워크로서 OAuth와 RESTEasy 스켈레톤 키에 관한 몇몇 개념과 둘 사이의 상호 작용을 살펴보고 곧바로 예제 코드를 만들어 볼 것이다.

RESTEasy 스켈레톤 키란

RESTEasy 스켈레톤 키는 브라우저와 JAX-RS 클라이언트 간의 단일 보안 채널이다. 스켈레톤 키를 사용하면 서버가 요청을 받을 때마다 일일이 중앙 인증 서버를 거칠 필요 없이, 안전하고 확장 가능한 방법으로 애플리케이션과 서비스 네트워크에서 요청을 실행/전달할 수 있다.

OAuth 2.0 인증 프레임워크

서드파티 애플리케이션 또는 서비스가 리소스 소유자를 대신해 HTTP 리소스에 접근하기 위한 프레임워크다. 브라우저를 통해 액세스 토큰을 발행해 직접 인증하는 방식으로 서드파티 측에서 리소스 소유자의 크리덴셜에 접근하지 못하게 차단한다.

OAuth와 RESTEasy 스켈레톤 키의 개념을 간략히 살펴봤으므로, 이제 둘 간의 관계를 알아보자. RESTEasy 스켈레톤 키는 OAuth 2.0 구현체로, 웹 애플리케이션/RESTful 서비스를 보호하기 위해 JBoss AS 7의 보안 인프라를 사용한다.

즉 기존 웹 애플리케이션을 OAuth 2.0 액세스 토큰 공급자로, 또는 JBoss AS 7의 보안 도메인을 전체 애플리케이션 및 서비스가 공동으로 이용할 수 있는 중앙 인증/인가 서버로 전환해 활용할 수 있게 해준다.

다음 그림을 보면 프로세스가 좀 더 쉽게 이해될 것이다.

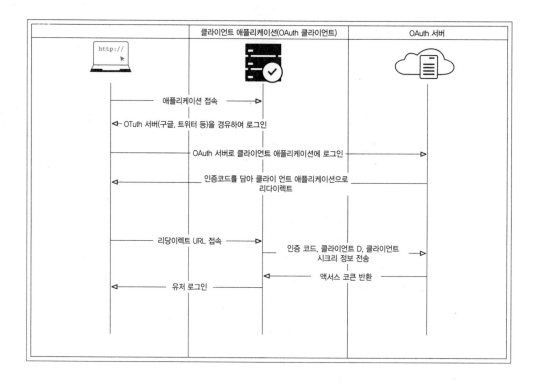

주요 기능

OAuth 2.0과 RESTEasy 스켈레톤 키의 주요 기능은 다음과 같다.

- 일반 서블릿/폼 인증 기반servlet-form-auth-based의 웹 애플리케이션을 OAuth 2.0 공급자로 전환

- 처음 한 번만 로그인하면 같은 보안 도메인에 설정된 모든 브라우저 기반의 애플리케이션에 접근을 허용하는 중앙 인증 서버를 통한 분산distributed SSOSingle Sign-On 제공

- SSO로 설정된 모든 분산 애플리케이션에서 한 번에 로그아웃

- 웹 애플리케이션이 액세스 토큰으로 원격 RESTful 서비스와 통신 가능

- OAuth 2.0 프레임워크로 디지털 서명한 액세스 토큰만 있으면 해당 도메

인에 속한 모든 서비스를 이용할 때도 재사용할 수 있다. 액세스 토큰에는 식별자와 롤이 이미 매핑되어 있고 디지털 서명이 완료된 상태이므로 권한을 확인하기 위해 클라이언트의 요청 때마다 중앙 인증 서버를 매번 다시 거칠 필요가 없다.

더 자세한 내용은 다음 URL을 참고하자.

http://docs.jboss.org/resteasy/docs/3.0-beta-2/userguide/html/oauth2.html

OAuth 2 구현

이 장에서 다룬 개념 설명만으로는 아무래도 부족하니, 지금부터 예제 코드를 자세히 보면서 완전히 이해해보자.

JBoss에서 RESTEasy 모듈 업데이트

기존 JBoss 설정과 완전히 별개인 새 인스턴스를 추가할 것이다. RESTEasy 관련된 모듈 몇 가지도 함께 업데이트해야 하는데 다행히 그다지 어렵지는 않다. http://resteasy.jboss.org/에 접속하면 우측에 Useful Links 패널 밑에 Downloads 링크가 있다. 클릭하면 내려받기 목록이 펼쳐진다. 이중 3.0.7.Final Version을 찾아 내려받자.

JBoss 모듈 업데이트 관련 JAR 파일들을 포함하는 resteasy-jboss-modules-3.0.7.Final.zip라는 파일의 압축을 풀어 모든 폴더를 JBOSS_HOME/modules/에 복사한다(중복되는 파일은 그냥 덮어쓴다). 마지막으로 일부 JAR 파일의 버전을 업데이트해야 하는데, JBoss 모듈의 XML 파일을 수정해서 org.apache.httpcomponents가 httpclient-4.2.1.jar, httpcore-

4.2.1.jar, httpmime-4.2.1.jar을 각각 사용하도록 고쳐야 한다. 이 세 JAR 파일을 복사하고 JBOSS_HOME/modules/org/apache/httpcomponents/module.xml 파일을 편집기로 열어 버전을 수정하자. 여기까지면 RESTEasy 모듈 업데이트 작업은 끝난다.

JBoss 설정 파일 셋업

https://github.com/restful-java-web-services-security/source-code/tree/master/chapter04에서 예제 코드 압축 파일을 내려받고 압축을 풀면 configuration 폴더가 있다. 이 폴더에서 JBoss 기본 설정을 세팅하는 파일들을 모두 복사해서 JBOSS_HOME/standalone/configuration에 덮어 쓴다.

OAuth 클라이언트 구현

OAuth 클라이언트 구현에 관한 매우 유용한 예제 파일이 있는데 코드를 분석하다 보면 OAuth의 작동 원리와 구현 방법에 대해 이해할 수 있다. 다음 URL에서 내려받아 하나씩 차근차근 살펴보자. 3개 프로젝트가 각각 WAR 파일로 압축되어 있다.

https://github.com/restful-java-web-services-security/source-code/tree/master/chapter04/oauth2-as7-example[2]

---

2 이 책을 옮기는 현재 이 링크는 접속이 되지 않는다. 아마도 저자가 출판 후 깃허브 소스에서 삭제했거나 URL을 착각한 것으로 추정된다. 대안으로, https://github.com/restful-java-web-services-security/source-code/ 접속 후 우측 하단의 Download ZIP 버튼을 클릭해 내려받은 후 chapter04 폴더 하위의 OAuthExample 폴더에 보면 discstore, oauth-client, oauth-server 3개 프로젝트 파일이 보일 것이다. – 옮긴이

oauth-client 프로젝트

먼저 oauth-client 프로젝트를 생성하자. 1장에서 설명한 메이븐 명령어를
써도 되고, 이클립스 IDE에서 메이븐 프로젝트를 임포트^{import}해도 된다.

의존성 몇 가지를 추가해야 하는데 다른 2개의 프로젝트에도 해당된다.
pom.xml 파일에서 <dependencies> 태그를 찾아 다음 코드를 안쪽에 끼워
넣자.

```
<dependency>
    <groupId>org.jboss.spec.javax.servlet</groupId>
    <artifactId>jboss-servlet-api_3.0_spec</artifactId>
    <version>1.0.1.Final</version>
    <scope>provided</scope>
</dependency>
<dependency>
    <groupId>org.jboss.resteasy</groupId>
    <artifactId>resteasy-client</artifactId>
    <version>3.0.6.Final</version>
    <scope>provided</scope>
</dependency>
<dependency>
    <groupId>org.jboss.resteasy</groupId>
    <artifactId>skeleton-key-core</artifactId>
    <version>3.0.6.Final</version>
    <scope>provided</scope>
</dependency>
```

이제 com.packtpub.resteasy.example.oauth 패키지에 ServletContext
Listener 인터페이스를 구현한 Loader 클래스(public class Loader

implements ServletContextListener)를 작성할 차례다. 이 클래스는 키스토어 KeyStore를 읽어 들이고 컨텍스트를 초기화한다.

먼저 OAuth 클라이언트 객체를 가리키는 oauthClient 멤버 변수(private ServletOAuthClient oauthClient)를 추가한다.

키스토어를 읽어 들이는 메소드는 다음과 같다.

```
private static KeyStore loadKeyStore(String filename, String password)
throws Exception
{
  KeyStore keyStore = KeyStore.getInstance(KeyStore.getDefaultType());
  File keyStoreFile = new File(filename);
  FileInputStream keyStoreStream = new FileInputStream(keyStoreFile);
  keyStore.load(keyStoreStream, password.toCharArray());
  keyStoreStream.close();
  return keyStore;
}
```

파일명과 패스워드, 2개 파라미터를 받아 일단 KeyStore 객체를 생성하고, 주어진 파일명으로 FileInputStream 객체를 만들어 KeyStore 객체를 읽어 들인다. 이때 패스워드는 캐릭터 배열(char[]) 형태로 변환 후 넘겨야 한다.

다음, ServletContextListener 인터페이스 메소드를 재정의override해야 한다. contextInitialized 메소드부터 보자.

```
@Override
public void contextInitialized(ServletContextEvent sce) {
  String truststoreKSPath = "${jboss.server.config.dir}/client-
truststore.ts";
  String truststoreKSPassword = "changeit";
```

```
  truststoreKSPath = EnvUtil.replace(truststoreKSPath);
  try {
    KeyStore truststoreKS = loadKeyStore(truststoreKSPath,
truststoreKSPassword);
    oauthClient = new ServletOAuthClient();
    oauthClient.setTruststore(truststoreKS);
    oauthClient.setClientId("third-party");
    oauthClient.setPassword("changeit");
    oauthClient.setAuthUrl("https://localhost:8443/oauth-server/
login.jsp");
    oauthClient.setCodeUrl("https://localhost:8443/oauth-
    server/j_oauth_resolve_access_code");
    oauthClient.start();
    sce.getServletContext().setAttribute(ServletOAuthClient.class.
getName(), oauthClient);
  } catch (Exception e) {
    throw new RuntimeException(e);
  }
}
```

client-truststore.ts 파일의 경로와 패스워드를 가리키는 2개의 내부 변수
(truststoreKSPath, truststoreKSPassword)가 있고, 여기서 truststoreKSPath
는 JBOSS_HOME/standalone/configuration에 지정된 파일 경로를 가리
키고 있어야 한다.

파일 경로, 패스워드를 넘겨 KeyStore 객체를 읽고 truststoreKS에 할당한다.

그리고 OAuth 클라이언트 객체의 속성들을 초기화하는데, 위 예제에서는
trustStore, clientId, password, authUrl, codeUrl이 그 대상이다.

start 메소드로 OAuth 클라이언트 객체에 액세스 토큰을 넘겨주고, 마지막으로 이 객체를 서블릿 컨텍스트의 속성으로 세팅(setAttribute)한다.

contextDestroyed 메소드 재정의는 간단하다.

```
@Override
  public void contextDestroyed(ServletContextEvent sce) {
    oauthClient.stop();
  }
```

서블릿 컨텍스트가 중지되거나 애플리케이션을 재배포하게 되면 이 메소드가 실행되는데, stop 메소드로 OAuth 클라이언트 인스턴스 및 해당 리소스의 서비스를 중단시킨다.

OAuth 클라이언트 코딩은 다 마쳤다. 이제 리소스를 구현할 차례다. 먼저 CD 매장의 고객 관리 DB와 유사한 역할을 하는 CompactDiscs DatabaseClient 클래스를 만들고 다음 두 메소드를 작성하자.

- public static void redirect(HttpServletRequest request, HttpServletResponse response)

- public static List<String> getCompactDiscs(HttpServletRequest request)

redirect 메소드를 먼저 보자.

```
public static void redirect(HttpServletRequest request,
HttpServletResponse response) {
  ServletOAuthClient oAuthClient = (ServletOAuthClient)
  request.getServletContext().getAttribute(ServletOAuthClient.class.
  getName());
  try {
```

```
      oAuthClient.redirectRelative("discList.jsp", request, response);
   } catch (IOException e) {
      throw new RuntimeException(e);
   }
}
```

request에서 ServletContext를 가져와 다시 ServletOAuthClient를 추출한
다. 앞에서 ServletOAuthClient라는 이름의 서블릿 컨텍스트 속성을 세팅했
던 걸 기억할 것이다.

redirectRelative 메소드(redirectRelative (String relativePath,
HttpServletRequest request, HttpServletResponse response))는 브라우저를
인증 서버로 리다이렉트시켜 액세스 토큰을 획득한다.

이제 CD 정보를 조회하는 메소드다.

```
public static List<String> getCompactDiscs(HttpServletRequest request)
{
   ServletOAuthClient oAuthClient = (ServletOAuthClient)
   request.getServletContext().getAttribute(
      ServletOAuthClient.class.getName()
   );

   ResteasyClient rsClient = new
   ResteasyClientBuilder().trustStore(oAuthClient.getTruststore()).
   hostnameVerification(ResteasyClientBuilder.
   HostnameVerificationPolicy.ANY).build();

   String urlDiscs = "https://localhost:8443/store/discs";
   try {
      String bearerToken = "Bearer" + oAuthClient.getBearerToken
```

```
        (request);
    Response response = rsClient.target(urlDiscs).request().
    header(HttpHeaders.AUTHORIZATION, bearerToken).get();
    return response.readEntity(new GenericType<List<String>>() {
    });
  } finally {
    rsClient.close();
  }
}
```

코드를 한 줄 한 줄 곱씹어보자. 브라우저를 인증 서버로 리다이렉트해 액세스 토큰을 가져오려면 먼저 ServletOAuthClient 객체를 생성해야 한다. 다시 말하지만 이 객체는 ServletContext 객체의 속성으로 세팅되어 있으니 추출만 하면 된다. ResteasyClientBuilder는 클라이언트 생성 및 SSL 설정 등의 기능을 추상화시킨 클래스인데, ResteasyClient 객체를 생성한 후 trustStore 메소드로 클라이언트측 trust store를 세팅한다. 여기까지 실행 결과 반환되는 KeyStore 객체의 hostnameVerification 메소드로는 호스트명 검증에 관한 SSL 정책을 지정한다.[3] 맨 끝의 build 메소드는 모든 설정이 완료된 새로운 클라이언트 인스턴스, 즉 ResteasyClient 객체를 만들어 반환한다.

urlDiscs은 타겟 리소스 URL, bearerToken은 토큰 소지자[bearer]에 각각 해당하는 내부 변수다. bearerToken값은 "Bearer"라는 고정 문자열에 OAuth 클라이언트에서 추출한 소지자 토큰을 덧붙인다.

이제 앞에서 생성한 OAuth 클라이언트 객체, 즉 rsClient의 target 메소드

---

3 ResteasyClientBuilder.HostnameVerificationPolicy.ANY는 서버의 SSL 인증서가 호스트명을 검증하지 않겠다는 의미다. 테스트가 아닌 실제 운영 서버 환경이라면 서버의 SSL 인증서에 정확히 대응되는 STRICT를 사용해야 할 것이다. - 옮긴이

에 타겟 리소스 URL, urlDiscs를 파라미터로 하여 호출하고, request 메소드로 반환받은 웹 리소스 객체를 다시 request 객체로 변환한다.

그런 다음 header 메소드로 헤더명과 헤더값을 각각 파라미터로 하여 헤더를 붙이고 서버에 HTTP GET 방식으로 요청한다.

참고로, HttpHeaders.AUTHORIZATION 상수는 유저가 스스로를 서버에서 인증받기 원할 때 사용하는 헤더 필드(Authorization)를 가리킨다.[4] 이는 클라이언트 자신이, 타겟 리소스에 해당하는 영역의 유저임을 스스로 인증받기 위해 덧붙이는 정보다.

이렇게 response 객체를 생성하고 난 후, readEntity 메소드에 특정한 자바 타입의 인스턴스를 파라미터로 넣고 메시지를 읽어 들인다. 드디어 유저가 원하는 리소스(CD 목록)를 리스트 형태로 가져와 웹 페이지에 표시하게 될 것이다.

좀 더 알고 싶은 독자는 참고 자료 몇 가지를 소개하니 각자 지식의 폭을 넓히는 데 활용하기 바란다.

- http://www.w3.org/Protocols/rfc2616/rfc2616-sec14.html
- http://docs.jboss.org/resteasy/docs/3.0.2.Final/javadocs/org/jboss/resteasy/client/jaxrs/ResteasyClient.html
- http://docs.jboss.org/resteasy/docs/3.0.1.Final/javadocs/org/jboss/resteasy/client/jaxrs/ResteasyClientBuilder.html#truststore

discstore 프로젝트

이번에는 discstore 프로젝트다. 생성 방법은 oauth-client와 같다.

---

4 http://www.w3.org/Protocols/rfc2616/rfc2616-sec14.html#sec14.8 - 옮긴이

`CompactDiscService`는 아주 간단한 클래스로, 새 CD 목록을 생성하는 메소드 1개로 구성된다. 사용된 3개의 애노테이션은 이전 장에서도 봤던 것들이라 익숙할 것이다.

```java
@Path("discs")
public class CompactDiscService {
  @GET
  @Produces("application/json")
  public List<String> getCompactDiscs() {
    ArrayList<String> compactDiscList = new ArrayList<String>();
    compactDiscList.add("The Ramones");
    compactDiscList.add("The Clash");
    compactDiscList.add("Nirvana");
    return compactDiscList;
  }
}
```

문자열 목록을 먼저 생성한 뒤 CD 3개를 추가하는데, 코드가 직관적이라 각 문자열이 CD 하나에 대응되는 것이 눈에 보인다.

`@Produces`는 MIME 미디어 타입을 지정하는 애노테이션으로, 메소드에 사용된 `@Produces`가 클래스에 지정된 `@Produces`에 우선한다. `@GET`이 있는 것으로 보아 HTTP `GET` 메소드로 호출된다는 걸 알 수 있고, `@Path`는 `CompactDiscService` 클래스를 `discs`라는 이름의 리소스로 매핑한다.

이것으로 백엔드 코드 구현도 완료되었다. 전체 예제를 실행하려면 지금까지 클래스에서 웹 페이지로 지정되었던 리소스를 구현해야 한다. 자, 마저 끝내보자.

oauth-server 프로젝트

프로젝트를 생성하는 방법은 이전과 다름없다.

시작하기 앞서 다음 코드로 jboss-web.xml 파일을 만든다.

```xml
<jboss-web>
  <security-domain>java:/jaas/commerce</security-domain>
  <valve>
    <class-ame>org.jboss.resteasy.skeleton.key.as7.
    OAuthAuthenticationServerValve</class-name>
  </valve>
</jboss-web>
```

그리고 서버에 인증서 및 보안 관련 설정을 저장해둘 JSON 파일을 마련한다. 파일명은 resteasy-oauth.json으로 하자. 코드를 보면 알겠지만 이 파일엔 별 로직은 없고 keystore/truststore 경로나 패스워드 같은 속성들이 죽 나열되어 있다. 이 파일은 WEB-INF 폴더에 위치한다.

```json
{
  "realm" : "commerce",
  "admin-role" : "admin",
  "login-role" : "login",
  "oauth-client-role" : "oauth",
  "wildcard-role" : "*",
  "realm-keystore" : "${jboss.server.config.dir}/realm.jks",
  "realm-key-alias" : "commerce",
  "realm-keystore-password" : "changeit",
  "realm-private-key-password" : "changeit",
  "truststore" : "${jboss.server.config.dir}/client-truststore.ts",
  "truststore-password" : "changeit",
```

```
  "resources" : [
    "https://localhost:8443/oauth-client",
    "https://localhost:8443/discstore/"
  ]
}
```

webapp/WEB-INF/ jboss-deployment-structure.xml

JBoss AS의 인스턴스에서 일부 모듈을 업데이트했으므로 앞의 3개 프로젝트
모두 이 파일들을 설정해야 한다. 이 파일에는 개발자가 작성한 애플리케이션
이 JBoss의 특정 모듈과 어떤 의존 관계에 있는지, 다음처럼 <dependencies>
내부에 <module>로 기재한다.[5]

```
<jboss-deployment-structure>
  <deployment>
    <!-- This allows you to define additional dependencies, it is the
same as using the Dependencies: manifest attribute -->
    <dependencies>
      <module name="org.jboss.resteasy.resteasy-jaxrs"
      services="import"/>
      <module name="org.jboss.resteasy.resteasy-jacksonprovider"
      services="import"/>
      <module name="org.jboss.resteasy.skeleton-key" />
    </dependencies>
  </deployment>
</jboss-deployment-structure>
```

---

5 더 정확히 말하면, 스켈레톤 키 모듈을 임포트해 필요한 클래스를 프로젝트 전반에서 사용하기 위함이다. – 옮긴이

애플리케이션 실행

지금까지 프로젝트별로 주요 구성 요소를 함께 살펴봤다. 애플리케이션을 실행하려면 먼저 https://github.com/restful-java-web-services-security/source-code/tree/master/chapter04에서 이 장의 예제 코드를 내려받아 압축 파일을 풀고 OAuthExample 폴더를 찾아보자. 이 폴더 안에 있는 3개의 프로젝트를 모두 여러분의 이클립스 작업공간으로 복사하고 프로젝트를 불러오자.

keystore/truststore 인증서 파일은 여러분이 앞에서 JBoss configuration을 설정할 때 configuration 폴더 안에 복사해 넣었을 것이다. configuration 폴더 안의 keystoreCommands.txt 파일에 지시된 사항을 잘 읽어보자. configuration 폴더 안의 파일들을 제대로 업데이트해야 애플리케이션이 문제없이 실행된다.

애플리케이션을 띄우려면 그전에 배포를 해야 한다. 커맨드 창을 열고 JBOSS_HOME/bin로 이동해 JBoss 서버를 스탠드 얼론 모드로(윈도우는 standalone.bat, 리눅스는 ./standalone.sh) 실행하자. 그리고 커맨드 창을 하나 더 열어 애플리케이션 폴더로 이동한다. 지금까지 작업한 discstore, oauth-client, oauth-server 프로젝트 각각에 대해 먼저 `mvn clean install`[6] 후 `mvn jboss-as:deploy` 명령을 실행하자.

discstore 프로젝트에는 `static void main` 메소드를 가진 특별한 클래스인 `OauthClientTest`가 있는데 이름처럼 테스트 전용 클래스다. 소스 코드는 다음과 같다.

```
public class OauthClientTest {
```

---

6 각 프로젝트 target 폴더를 삭제하고(clean), 배포 파일(.war)을 다시 생성한다. - 옮긴이

```java
public static void main(String[] args) throws Exception {

    String truststorePath = "C:/Users/Andres/jboss/2do_jboss/jboss-
    as-7.1.1.Final/standalone/configuration/client-truststore.ts";
    String truststorePassword = "changeit";
    truststorePath = EnvUtil.replace(truststorePath);

    KeyStore truststore = loadKeyStore(truststorePath,
    truststorePassword);

    ResteasyClient client = new ResteasyClientBuilder()
    .disableTrustManager().trustStore(truststore).build();

    Form form = new Form().param("grant_type", "client_credentials");
    ResteasyWebTarget target =
    client.target("https://localhost:8443/oauthserver/j_oauth_token_
    grant");
    target.register(new BasicAuthentication("andres", "andres"));

    AccessTokenResponse tokenResponse = target.request().post(Entity.
    form(form), AccessTokenResponse.class);

    Response response =
    client.target("https://localhost:8443/discstore/discs").request()
    .header(HttpHeaders.AUTHORIZATION,
    "Bearer " + tokenResponse.getToken()).get();

    try {
        String xml = response.readEntity(String.class);
        System.out.println(xml);
```

```
    } finally {
    client.close();

    }


}
```

먼저 truststorePath, truststorePassword 두 변수를 정의한다. truststore
Path는 JBoss 설정 폴더에 있는 client-truststore.ts 파일 경로이므로, 여
러분의 테스트 환경과 맞지 않을 경우 수정하자. 앞에서도 설명했듯이, 두
변수를 loadKeyStore 메소드의 파라미터로 넘겨 그 결과를 truststore
라는 이름의 KeyStore 객체에 대입한다. truststore로부터 client라는
RestEasyClient 객체를 생성한다.

이로써 프로그래밍적으로 액세스 토큰을 손에 넣었으니 HTTPS로 인증 서버
에 액세스 토큰을 요청할 수 있다. 그러면 기본 인증 방식으로 유저를 식별한
후, 서명된 액세스 토큰을 해당 유저에게 돌려줄 것이다.

그래서 타겟 URL 끝부분에 j_oauth_token_grant을 붙여 인증 서버의 컨텍
스트 루트로 간단히 POST 요청을 한다. 이 URL로 기본 인증 방식과 더불어
POST 요청을 하면 특정 유저의 액세스 토큰을 얻을 수 있기 때문이다.

그리고 액세스 토큰을 획득한 이후로는, 소지자 토큰 인증에 의해 보호된 서
비스를 호출하기 위해 'Bearer + 액세스 토큰'으로 구성된 authorization 헤더
를 붙여 HTTPS 요청을 한다. 그 결과 서버는 응답 객체를 반환하게 되고, 앞
에서 테스트했던 것처럼 유저는 이를 확인할 수 있다. 다음 화면에서 콘솔창
에 CD 목록이 표시된 것을 확인해보자.[7]

---

7 이클립스에서 Ctrl + X, J 단축키를 사용하면 자바 파일을 간단히 실행할 수 있다. – 옮긴이

보안 관리를 위한 SSO 설정

SSO는 한 번만 인증하면 다른 시스템이나 애플리케이션도 바로 이용할 수 있게 해주는 인증 장치다. 소셜 네트워크 세상에 살고 있는 여러분은 이미 여러 차례 SSO를 경험해보았을 텐데, 많은 서비스가 서로의 인증 정보를 공유할 수 있게 되어 있다.

앞 절의 프로젝트와 JBoss AS 7 서버로 SSO를 직접 구현해보자.

작업할 파일은 JBoss 설정 파일과 애플리케이션 설정 파일, 각각 1개씩이다.

먼저 JBoss 설정 파일 standalone.xml에서 <virtual-server> 태그 안에 SSO 설정 코드를 추가한다.

```
<subsystem-xmlns="urn:jboss:domain:web:1.1" default-
virtual-server=" default-host" native="false">
  <connector name="http" protocol="HTTP/1.1" scheme="http" socket-
```

```
  binding="http"/>
  <virtual-server name="default-host" enable-welcomeroot="true">
    <alias name="localhost"/>
    <sso domain="localhost" reauthenticate="false"/>
  </virtual-server>
</subsystem>
```

reauthenticate 속성은 매 요청 시 securityReal에 재인증을 받을 것인지 여부를 나타내며 디폴트 값은 false다.

다음은 애플리케이션 설정 파일 jboss-web.xml이다. 이 파일에는 모든 서버 요청이 일단 통과하도록 강제하는 밸브^{valve}를 SSO에 해당하는 클래스로 지정한다.

```
<jboss-web>
  <security-domain>java:/jaas/other</security-domain>
  <valve>
    <class-name>org.apache.catalina.authenticator.SingleSignOn</class-
      name>
  </valve>
</jboss-web>
```

이전 장에서 언급했던 보안 도메인 설정을 잊어서는 안 된다. 다음을 standalone.xml에 붙여 넣자.

```
<security-domain name="other" cache-type="default">
  <authentication>
    <login-module code="Remoting" flag="optional">
      <module-option name="password-stacking" value="useFirstPass"/>
    </login-module>
    <login-module code="RealmUsersRoles" flag="required">
```

```
        <module-option name="usersProperties"
        value="${jboss.server.config.dir}/application-users.properties"/>
        <module-option name="rolesProperties"
        value="${jboss.server.config.dir}/application-roles.properties"/>
        <module-option name="realm" value="ApplicationRealm"/>
        <module-option name="password-stacking" value="useFirstPass"/>
    </login-module>
  </authentication>
</security-domain>
```

설정은 여기까지다. 테스트를 해야 하니 앞 예제의 설정을 그대로 복사해 애플리케이션을 하나 더 만들어 실행하자.

SSO가 적용되었으므로 한곳에서 인증을 받고 나면 다른 곳에서 재인증 받을 필요가 없다. 한 번에 두 애플리케이션의 인증을 다 받은 셈이다.

기본 인증 방식의 OAuth 토큰

자, 이번에는 인증 서버를 직접 호출해 얻어낸 액세스 토큰으로 서비스를 이용하는 예제를 간략히 살펴보겠다. 이전 예제와 마찬가지로 DB 클라이언트에 해당하는 클래스를 작성해 테스트할 것이다. getCompactDiscs 메소드의 기능 자체는 달라질 게 없지만, 파라미터가 하나도 없는 점이 다르다.[8]

시작해보자! 먼저 클래스에 정적 문자열 필드 2개를 만들고 다음과 같이 각각 인증 서버의 인증 URL과 CD 목록을 표시하는 URL을 지정한다.

---

8 com.packtpub.resteasy.example.oauth.CompactDiscsDatabaseClient 클래스의 getCompactDiscs 메소드에서는 HttpServletRequest 객체를 파라미터로 받아 여기에서 추출된 컨텍스트로부터 ServletOAuthClient 객체를 가져왔다. – 옮긴이

```
private static String urlAuth = "https://localhost:8443/auth-server/
j_oauth_token_grant";
private static String urlDiscs = "https://localhost:8443/discstore/
discs";
```

CD 목록을 조회하는 getCompactDiscs 메소드 코드는 다음과 같다.

```
public static List<String> getCompactDiscs() {
  RestEasyClient rsClient = new
  RestEasyClientBuilder().disableTrustManager().build();
  Form form = new Form().param("grant_type", "client_credentials");
  RestEasyWebTarget resourceTarget = rsClient.target(urlAuth);
  resourceTarget.register(new BasicAuthentication("andres",
"andres"));
  AccessTokenResponse accessToken =
  resourceTarget.request().post(Entity.form(form),
  AccessTokenResponse.class);
  try {
    String bearerToken = "Bearer " + accessToken.getToken();
    Response response =
    rsClient.target(urlDiscs).request().header(HttpHeaders.
    AUTHORIZATION, bearerToken).get();
    return response.readEntity(new GenericType<List<String>>() {});
  } finally {
    rsClient.close();
  }
}
```

첫 번째 줄에서 RestEasyClient 객체를 생성하고 disableTrustManager 메소
드로 인증 관리 및 호스트명 검증 기능을 꺼두었다. 이렇게 하면 중간자 공격

MITM, main-in-the-middle[9]을 차단하는 서버 인증서 검증 기능까지 함께 해제되므로 유의하기 바란다.

다음 줄에서 form 객체를 만들고 param 메소드에 파라미터 2개를 넘기는데, 여기서 애플리케이션이 요청하는 허가 유형(grant_type)을 유저 인증 정보 (client_credentials)로 지정했다.

그러고 나서 이미 앞에서 설명했듯이 ResteasyWebTarget 객체를 만들어 앞 줄에서 정적 필드로 정의한 CD 목록 조회 URL을 타겟으로 설정한다. 웹 타 겟은 유저가 접근하게 될 resourceTarget 객체다.

register 메소드의 파라미터가 BasicAuthentication 객체인 것은, 커스텀 JAX-RS 컴포넌트를 인스턴스화해 설정된 컨텍스트의 범위 내에서 사용하겠 다는 의미다.

그다음 줄에서 웹 타겟에 요청해 AccessTokenResponse 객체를 얻는다. 그리 고 POST 방식으로 엔티티와 응답 유형을 서버에 요청한다. Entity.form 메소 드는 윗줄에서 만들어진 폼 객체로부터 application/x-www-formurlencoded 엔티티를 생성한다. 이렇게 해서 AccessTokenResponse 객체가 반환되면 토큰 앞에 Bearer를 붙여 소유자 토큰을 만든다.

마지막으로, urlDiscs 변수의 URL로 요청을 보내 응답 객체를 생성한다. 헤 더 필드 HttpHeaders.AUTHORIZATION에 bearerToken 변수값인 소지자 토큰 을 넣어 타겟 리소스에 대한 접근 권한, 즉 원하는 정보(CD 목록)의 조회 권한 을 획득한다.

서비스 기능면에서 다른 점은 없으므로 이전 예제의 파일(index.html, discsList.jsp)은 동일한 폴더에 복사해서 재사용하면 된다. 의존 모듈 역시 바

---

9 네트워크 통신을 조작해 통신 내용을 도청하거나 조작하는 공격 기법이다. 통신을 연결하는 두 사람 사이에 침입해, 한쪽 에서 전달된 정보를 도청한 후 조작해 다른 쪽으로 전달한다. 두 사람은 서로 연결되었다고 착각하지만 실제로는 중간자에 각각 연결되어 있다. – 옮긴이

꿀 내용이 없으므로 jboss-deployment-structure.xml 파일을 그대로 쓰면 된다.

web.xml은 다음과 같이 간단하게 설정한다.

```xml
<?xml version="1.0" encoding="UTF-8"?>
<web-app xmlns="http://java.sun.com/xml/ns/javaee"
    xmlns:xsi="http://www.w3.org/2001/XMLSchema-instance"
    xsi:schemaLocation=http://java.sun.com/xml/ns/javaee
    http://java.sun.com/xml/ns/javaee/web-app_3_0.xsd version="3.0">
  <security-constraint>
    <web-resource-collection>
      <url-pattern>/*</url-pattern>
    </web-resource-collection>
    <user-data-constraint>
      <transport-guarantee>CONFIDENTIAL</transport-guarantee>
    </user-data-constraint>
  </security-constraint>
</web-app>
```

애플리케이션 실행

전체 소스 코드는 https://github.com/restful-java-web-services-security/source-code/tree/master/chapter04에서 내려받자. 압축 파일 해제 후 token-grant라는 이름으로 프로젝트를 만들어 여러분이 지금쯤 익숙해졌을 메이븐 명령어로 배포하자. 단, oauth-server, oauth-client, discstore 세 프로젝트도 함께 배포된 상태여야 한다.

인터넷 브라우저를 열고 주소창에 https://localhost:8443/token-grant/를 입력하면 다음 글자가 보일 것이다.

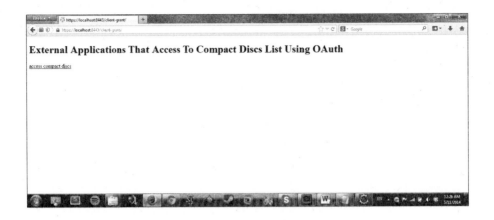

눈에 보이는 웹 페이지는 재사용한 터라 달라진 게 없어 보이지만, URL이 다르니 내부 동작은 조금 다르다. 이번에는 먼저 토큰을 얻어내고 이 토큰을 다시 서버에 요청해 원하는 데이터를 얻는 화면을 보자.

최종 결과는 CD 목록을 화면에 보여주는 게 전부지만, 물밑에서 일어난 일들을 다시 한 번 떠올려보자. 서버에 기본 인증 방식으로 크리덴셜을 보내 요청을 하고 그 결과 액세스 토큰을 가져왔다. 이 액세스 토큰에 해당하는 권한을 다시 서버에 요청해 응답 객체를 얻어내고 데이터까지 손에 넣은 것이다.

116

커스텀 필터

JAX-RS 2.0 명세서 6장에는 필터[filter]와 인터셉터[interceptor]에 대해 쓰여있다.[10]

인터셉터는 EJB 메소드 호출을 가로채는 컴포넌트로, EJB 관련 로그 및 추적 감사 정보를 남기는 데 쓰인다. EJB는 이 책에서 다룰 주제가 아니므로 참고 URL을 남긴다.

- http://docs.oracle.com/javaee/6/tutorial/doc/gkigq.html
- http://www.javacodegeeks.com/2013/07/java-ee-ejb-interceptorstutorial-and-example.html

필터는 주로 들어오고 나가는 요청/응답 헤더를 변경하거나 처리하는 데 사용하며, 요청/응답 처리 전후에 각각 실행된다.

JAX-RS 2.0 명세에는 서버 측 필터와 클라이언트 측 필터, 두 가지 유형의 필터가 있다. 다음 그림은 필터의 분류 체계를 도식화한 것이다.

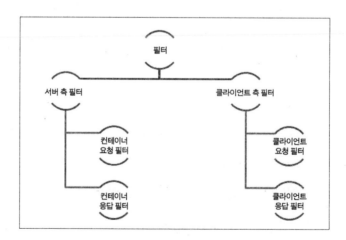

---

10 http://download.oracle.com/otndocs/jcp/jaxrs-2_0-fr-eval-spec - 옮긴이

서버 측 필터

서버 측 필터는 다시 둘로 나뉜다. 이름만으로도 짐작할 수 있듯이, JAX-RS 리소스 메소드가 호출되기 이전에 실행되는 '컨테이너 요청 필터'와, 이후에 실행되는 '컨테이너 응답 필터'가 있다. 여기서 끝나지 않고 또다시 컨테이너 요청 필터는 매칭 시점을 기준으로 매칭 전$^{pre-matching}$과 매칭 후$^{post-matching}$로 분류된다.

매칭 전 컨테이너 요청 필터는 @PreMatching 애노테이션으로 표시하며, HTTP 요청 메소드가 JAX-RS 리소스 메소드와 비교되기 전 실행된다.

컨테이너 요청 필터에서 abortWith(Response) 메소드를 쓰면 요청을 중단시킬 수 있다. 임의로 작성한 인증 프로토콜로 필터에서 요청 자체를 차단시켜 버리는 것이다.

리소스 메소드 실행 후에는 모든 컨테이너 응답 필터들이 실행된다. 클라이언트에 마샬링되어 반환되기 전 이 필터를 거치게 해 응답 객체를 조작하거나 변화를 줄 수 있다.

클라이언트 측 필터

서버 측과 마찬가지로 클라이언트 측 필터도 둘로 나뉜다. HTTP 요청이 서버로 보내지기 직전에 실행되는 클라이언트 요청 필터, 반대로 서버에서 응답은 받았지만 응답 본문이 조합되기 전 실행되는 클라이언트 응답 필터가 있다.

클라이언트 요청 필터를 이용하면 요청 자체를 차단할 수 있으며 서버에 아무 것도 보내지 않고 곧바로 응답 처리를 할 수도 있다. 클라이언트 응답 필터는 응답 객체를 애플리케이션 코드로 되돌리기 전 조작하고자 할 때 사용한다.

필터의 사용 예

이론적인 설명은 이쯤해두고 필터 코드를 살펴보자.

서버 요청 시 유저네임/패스워드로 해당 유저의 접근 권한을 검증하는 필터를 구현할 것이다.

CD 가게 예제로 다시 돌아가자. 다음 CompactDiscService 클래스는 CD를 이름으로 검색해 해당 정보를 수정하는 기능을 갖고 있다. 코드 곳곳에 등장하는 애노테이션은 여러분이 이미 앞에서 보았던 것들이므로 해석에 무리는 없을 것이다.

```java
@Path("/compactDisc-service")
public class CompactDiscService {
  @PermitAll
  @GET
  @Path("/compactDiscs/{name}")
  public Response getCompactDiscByName(@PathParam("name") String name,
@Context Request request) {
    Response.ResponseBuilder rb =
    Response.ok(CompactDiscDatabase.getCompactDiscByName(name));
    return rb.build();
  }


  @RolesAllowed("ADMIN")
  @PUT
  @Path("/compactDiscs/{name}")
  public Response updatePriceByDiscName(@PathParam("name") String
name) {
    // 사용자 리소스 수정
    CompactDiscDatabase.updateCompactDisc(name, 10.5);
```

```
        return Response.status(200).build();
    }
}
```

메소드는 2개뿐이다. 하나는 이름으로 CD를 찾는 메소드이고 나머지 하나는
CD 단가를 수정하는 메소드이다. 애노테이션을 보니 getCompactDiscByName
메소드는 누구나 실행할 수 있고, updatePriceByDiscName 메소드는 ADMIN
역할을 가진 유저만 실행 가능함을 추측할 수 있다.

다음으로, DB 역할을 해 줄 CompactDiscDatabase 클래스를 작성하자. 특별
한 로직은 없으니 코드를 보면 짐작할 수 있을 것이다.

```
public class CompactDiscDatabase {
    public static HashMap<String, CompactDisc> compactDiscs = new
HashMap<String, CompactDisc>();

    static {
        CompactDisc ramonesCD = new CompactDisc();
        ramonesCD.setDiscName("Ramones Anthology");
        ramonesCD.setBandName("The Ramones");
        ramonesCD.setPrice(15.0);

        Calendar calendar = Calendar.getInstance();
        calendar.set(1980, 10, 22);
        Date realeaseDate = calendar.getTime();
        ramonesCD.setReleaseDate(realeaseDate);
        compactDiscs.put("Ramones Anthology", ramonesCD);
    }

    public static CompactDisc getCompactDiscByName(String name) {
        return compactDiscs.get(name);
```

```
  }

  public static void updateCompactDisc(String name, double newPrice) {
    CompactDisc cd = compactDiscs.get(name);
    cd.setPrice(newPrice);
  }
}
```

길어도 복잡할 건 없다. 맵 객체를 하나 만들어 CD 객체를 매핑했고, DB에서 SELECT, UPDATE 쿼리에 해당하는 정적 메소드 2개를 구현했다.

CompactDisc 클래스는 어떻게 생겼을까? 코드를 보자.

```
@XmlAccessorType(XmlAccessType.NONE)
@XmlRootElement(name = "compactDisc")
public class CompactDisc implements Serializable {
  private static final long serialVersionUID = 1L;

  @XmlElement(name = "discName")
  private String discName;

  @XmlElement(name = "bandName")
  private String bandName;

  @XmlElement(name = "releaseDate")
  private Date releaseDate;

  @XmlElement(name = "price")
  private double price;
// 게터 / 세터
}
```

CD의 공통적인 속성을 나타내는 필드들이다. @XmlElement는 각 속성을 XML 엘리먼트에 매핑하는 애노테이션이다.

이제, 필터를 구현해보자. 클래스 코드가 워낙 긴 관계로 적당히 끊어서 설명하겠다.

```
@Provider
public class SecurityFilter implements javax.ws.rs.container.
ContainerRequestFilter {

  private static final String ADMIN = "ADMIN";
  private static final String RESOURCE_METHOD_INVOKER =
  "org.jboss.resteasy.core.ResourceMethodInvoker";
  private static final String AUTHORIZATION_PROPERTY = "Authorization";
  private static final String AUTHENTICATION_SCHEME = "Basic";
  private static final ServerResponse ACCESS_DENIED = new
  ServerResponse("Access denied for this resource", 401,
  new Headers<Object>());
  private static final ServerResponse ACCESS_FORBIDDEN = new
  ServerResponse("Nobody can access this resource", 403,
  new Headers<Object>());
```

우선, 필터를 구현하기 위해 @Provider라는 애노테이션을 썼는데 클래스 레벨로 선언했으므로 SecurityFilter는 필터 클래스다. 그리고 ContainerRequestFilter 인터페이스를 구현한 이 필터는 컨테이너 요청 필터이므로 서버 측에서 리소스 메소드가 호출되기 전 실행된다.

클래스의 시작부에 상수들이 정의되어 있다. AUTHORIZATION_PROPERTY나 RESOURCE_METHOD_INVOKER는 속성 명칭이고 AUTHENTICATION_SCHEME는 단순 문자열을 가리킨다. ACCESS_DENIED, ACCESS_FORBIDDEN는 접속 유저가 권한이

없을 경우 서버 요청 결과를 각각 구분하기 위해 정의한 상수다.

ContainerRequestFilter 인터페이스를 상속하므로 filter 메소드를 재정의해야 한다. 유저 요청을 필터링하는 모든 로직은 이 메소드 내부에 기술된다.

filter 메소드를 코딩해보자. RESOURCE_METHOD_INVOKER 상수로 HTTP 요청 메소드를 추출한 뒤 ResourceMethodInvoker 객체를 얻고 다시 getMethod로 Method 객체를 뽑아낸다.

```java
@Override
public void filter(ContainerRequestContext requestContext) {
  ResourceMethodInvoker methodInvoker = (ResourceMethodInvoker)
  requestContext.getProperty(RESOURCE_METHOD_INVOKER);
  Method method = methodInvoker.getMethod();
```

method를 간단히 검증해보자. 만약 @PermitAll 애노테이션을 가진 메소드가 아니라면 @DenyAll로, 지정된 메소드라면 ACCESS_FORBIDDEN를 반환하며 요청을 차단한다.

```java
// 모두 접근 허용
  if (!method.isAnnotationPresent(PermitAll.class)) {
    // 모두 접근 금지
    if (method.isAnnotationPresent(DenyAll.class)) {
      requestContext.abortWith(ACCESS_FORBIDDEN);
      return;
    }
  }
}
```

유저네임과 패스워드가 그 다음 조사 대상이다. 먼저 요청 헤더를 추출해 맵 형태로 바꾼다. 그리고 AUTHORIZATION_PROPERTY 키를 가진 인증 문자열 목록을 추려내면, 해당 유저가 권한을 가진 사람인지 여부를 판별할 수 있을 것이다. 만약 이 목록이 비어있거나 null이라면 더 이상 볼 것도 없이 ACCESS_DENIED로 요청을 거절한다.

```
final MultivaluedMap<String, String> headersMap = requestContext.
getHeaders();

final List<String> authorizationList = headersMap.get(AUTHORIZATION_
PROPERTY);

if (authorizationList == null || authorizationList.isEmpty()) {
  requestContext.abortWith(ACCESS_DENIED);
  return;
}
```

authorizationList의 첫 엘리먼트에는 유저네임과 패스워드가 인코딩되어 있으므로 AUTHENTICATION_SCHEME 상수에 해당하는 문자열을 공백 문자열로 대체한 후, Base64.decodeBase64로 디코딩해 StringTokenizer 클래스로 유저네임과 패스워드를 각각 분리한다.

```
final String encodedUserPassword = authorizationList.get(0).
replaceFirst(AUTHENTICATION_SCHEME + " ", "");

String usernameAndPassword = new
String(Base64.decodeBase64(encodedUserPassword));

// 유저네임 및 패스워드 토큰 분리
final StringTokenizer tokenizer = new StringTokenizer(usernameAndPassw
ord, ":");
```

```
final String userName = tokenizer.nextToken();
final String password = tokenizer.nextToken();
```

이제 권한을 가진 유저인지 쉽게 확인할 수 있다. method에 @RolesAllowed 애노테이션이 달려 있다면 이 애노테이션에 정의된 역할 모음을 가져와야 한다. 그리고 역할 모음에 ADMIN 상수에 해당하는 롤이 포함되어 있는지 조사해 보고, 만약 없으면 앞에서와 같이 ACCESS_DENIED로 요청을 거부한다.

```
// 유저 접근 검증
if (method.isAnnotationPresent(RolesAllowed.class)) {
  RolesAllowed rolesAnnotation = method.getAnnotation(RolesAllowed.
class);
  Set<String> rolesSet = new
  HashSet<String>(Arrays.asList(rolesAnnotation.value()));

  // 접근 가능한 유저인가?
  if (!isUserAllowed(userName, password, rolesSet)) {
    requestContext.abortWith(ACCESS_DENIED);
    return;
  }
}


private boolean isUserAllowed(final String username, final String
password, final Set<String> rolesSet) {
  boolean isAllowed = false;
  if (rolesSet.contains(ADMIN)) {
    isAllowed = true;
  }
  return isAllowed;
}
```

정리

4장에서는 정보를 공유하는 동시에 보호하기 위해 필요한 아주 유용한 기법들을 알아봤다. 최근 들어 고객의 니즈에 맞춘 프로그램을 개발하기 위해 애플리케이션간에 데이터를 연동하는 사례가 늘어나기 시작했다. 그런데 많은 경우 정보 보안과 데이터 무결성은 여전히 간과되고 있다.

4장에서는 서드파티 애플리케이션에 리소스를 제공할 때 권한을 인증, 제한하고 보안을 적용하는 데 꼭 필요한 갖가지 기술들을 살펴봤고, OAuth 2.0 인증 방식과 SSO, 필터, 토큰 등의 개념을 예제를 통해 학습했다.

이 장에서 제시한 소스 코드를 보면서 여러분은 특정 리소스를 서드파티 애플리케이션과 공유하고자 할 때 어떤 식으로 권한을 부여할지, 그리고 어떻게 이를 효과적으로 통제할 수 있는지 알게 되었을 것이다. 또 최근 소셜 네트워크 붐을 타면서 가장 많이 사용되는 OAuth와 SSO 기술이 어떻게 구현되는지 충분히 이해했으리라 본다. 여러분은 이러한 개념과 기술을 숙지해 현장에서 다른 애플리케이션과 연동해야 하는 애플리케이션을 직접 개발해야 할 경우, 어떤 리소스를 공유할 것인지, 어떤 애플리케이션에 SSO를 적용할지, 어떻게 유저/롤에 따른 리소스 접근을 필터링할지 등의 문제를 고민하고 실천해야 한다.

5

디지털 서명과
메시지 암호화

비즈니스 목적을 달성하기 위해 다른 시스템과 서비스를 연동해야 할 경우가 있다. 보안이 중요한 고려 사항이라면, 타 시스템이 원하는 데이터를 전달했는지, 통신 도중 변조되지는 않았는지 검증을 해야 한다. 디지털 서명은 바로 이럴 때 아주 효과적인 도구다.

메시지 본문은 암호화하여 원치 않는 제삼자가 읽을 수 없게 해야 한다. 그래서 S/MIME^Secure/Multipurpose Internet Mail Extensions 표준이 제정되었고, 이메일 공개키(http://en.wikipedia.org/wiki/Public_key), MIME 데이터의 암호화(http://en.wikipedia.org/wiki/Encryption) 및 서명(http://en.wikipedia.org/wiki/MIME)에 널리 쓰이고 있다. 또 HTTP 프로토콜에 응용해 RESTful 웹 서비스에도 활용할 수 있다.

5장에서 다룰 내용은 다음과 같다.

- 메시지 서명
- 서명 검증
- S/MIME으로 메시지 본문 암호화

디지털 서명

디지털 서명은 오늘날 아주 폭넓게 쓰이는 기술로, 디지털 문서 서명, 전자 송장 발행 등에 주로 사용된다.

디지털 서명의 장점은 다음과 같다.

- 수신자가 서명자의 신원을 확인할 수 있다.
- 송신자가 서명한 이후 메시지가 통신 도중 변조되지 않았음을 보장한다.

RESTful 웹 서비스로 주고받을 정보는 DKIM^{DomainKeys Identified Mail}라는 인증 기술을 사용하여 전자 서명한다. DKIM은 DOSETA 명세에서 규정한 헤더로 메시지를 감싸는데, 대개 이메일 신원 확인 용도로 쓰이지만 HTTP 같은 프로토콜에도 쓸 수 있으므로 RESTful 웹 서비스에도 활용할 수 있다. 메시지에 메타 데이터를 주입 후 서명하면 수신자는 이 서명을 검증할 수 있다.

우선은 메시지를 서명하는 예제를 살펴보고 기능별로 다시 자세히 다뤄보겠다.

다음 메이븐 명령어를 커맨드 창에 입력하여 새로운 프로젝트를 생성하자.

```
mvn archetype:generate -DgroupId=com.packtpub -DartifactId=signatures
-DarchetypeArtifactId=webapp-javaee6 -DarchetypeGroupId=org.codehaus.
mojo.archetypes
```

버전을 물어보는 프롬프트에서 디폴트 값을 1.0-SNAPSHOT에서 1.0으로 변경한다.

메시지 암호화에 쓸 키를 만들어 애플리케이션 클래스패스에 놓을 것이다. 먼저 좀 전에 생성한 프로젝트를 이클립스에서 임포트^{import}하고 이 프로젝트 내에 생성한 키를 둘 폴더를 만들자. 이클립스 signatures 프로젝트에서 우측 마우스 버튼 클릭 후 New ❯ Source Folder로 이동한다.

Folder name 필드에 src/main/resources를 입력하고 Finish 버튼을 누른다.

커맨드 창에서 새로 만들어진 폴더로 이동 후 다음 명령을 실행한다.

```
keytool -genkeypair -alias demo._domainKey.packtpub.com -keyalg RSA
-keysize 1024 -keystore demo.jks
```

키스토어와 메시지 서명에 사용할 패스워드는 앞 장과 마찬가지로 changeit을 입력하자. 나머지는 다음 그림을 참고하기 바란다.

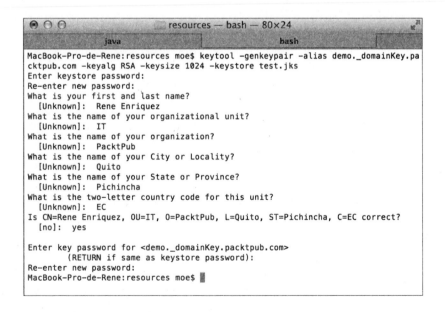

이제 메시지 서명 코드를 작성하자. 그 전에 pom.xml에 몇 가지 코드를 추가
해야 한다.

- JBoss 저장소

```
<repositories>
  <repository>
    <id>jboss</id>
    <url>http://repository.jboss.org/maven2</url>
  </repository>
</repositories>
```

- 메시지 서명에 필요한 라이브러리

```
<dependencies>
  <dependency>
    <groupId>org.jboss.resteasy</groupId>
    <artifactId>resteasy-jaxrs</artifactId>
    <version>3.0.6.Final</version>
  </dependency>
  <dependency>
    <groupId>org.jboss.resteasy</groupId>
    <artifactId>resteasy-crypto</artifactId>
    <version>3.0.6.Final</version>
  </dependency>
</dependencies>
```

클래스패스에 중복된 클래스가 있으면 안 되므로 다음 코드는 삭제한다.

```
<dependency>
  <groupId>javax</groupId>
  <artifactId>javaee-web-api</artifactId>
```

```
    <version>6.0</version>
    <scope>provided</scope>
</dependency>
```

RESTEasy JAR 파일 업데이트[1]

컴파일 하려면 JBoss의 현재 버전을 업데이트해야 하는데, 먼저 http://sourceforge.net/projects/resteasy/files/Resteasy%20JAX-RS/에서 RESTEasy 3.0.6 Final 버전을 내려받자.

ZIP 파일 압축을 풀면 resteasy-jboss-modules-3.0.6.Final.zip 파일이 나오는데, 이 파일을 다시 압축 해제하고 모든 하위 폴더를 JBOSS_HOME/modules에 복사하자. RESTEasy 모듈을 업데이트한 후 org.apache. httpcomponents 모듈도 업데이트해야 한다. JBOSS_HOME/modules/org/apache/httpcomponents로 이동하여 다음과 같이 아티팩트의 버전을 업그레이드한다.

• httpclient-4.1.2.jar → httpclient-4.2.1.jar

• httpcore-4.1.4.jar → httpcore-4.2.1.jar

JAR 파일명이 바뀌었으므로 당연히 module.xml 파일도 수정해야 한다.

```
<?xml version="1.0" encoding="UTF-8"?>

<!--
...
-->
```

---

1 4장과 5장에서 동일한 내용을 각각 다른 방식으로 중복 서술하는 것으로 보아 이 책의 저자 2명이 각각 집필하였고 마지막에 제대로 리뷰가 되지 않았던 것으로 추정된다. RESTEasy의 최신 버전은 2014년 9월 17일에 배포된 3.0.9이고, 5장의 예제 코드를 실행하는 데 4장의 3.0.7 버전을 그대로 사용해도 문제 없으니 따로 3.0.6 버전을 내려받을 필요는 없다. 또한 httpcomponents 관련 내용도 4장과 정확히 중복되므로 이 절은 건너뛰어도 상관없다. – 옮긴이

```xml
<module xmlns="urn:jboss:module:1.1" name="org.apache.httpcomponents">
  <properties>
    <property name="jboss.api" value="private"/>
  </properties>

  <resources>
    <resource-root path="httpclient-4.2.1.jar"/>
    <resource-root path="httpcore-4.2.1.jar"/>
    <resource-root path="httpmime-4.1.2.jar"/>
    <!-- Insert resources here -->
  </resources>

  <dependencies>
    <module name="javax.api"/>
    <module name="org.apache.commons.codec"/>
    <module name="org.apache.commons.logging"/>
    <module name="org.apache.james.mime4j"/>
  </dependencies>
</module>
```

디지털 서명 적용

컴파일 환경 설정이 끝났으니 아주 간단한 기능부터 디지털 서명을 구현하자. 우선 com.packtpub.resteasy.services 패키지에 SignedService 클래스를 생성한다.

메시지 서명을 하려면 먼저 키스토어에서 키를 가져와야 한다. 키마다 고유한 별칭[alias]과 도메인으로 구분한다(예: `demo._domainKey.packtpub.com` 키는 별칭이 `demo`, 도메인이 `packtpub.com`이다). RESTEasy에서는 `@Signed`라는 애노테이션으로 키를 선택한다.

다음 코드에서 굵게 표시한 행을 잘 보기 바란다. 그 밑에는 키 선택 과정을 간략히 그림으로 표시했다.

```
@POST
@Produces("text/plain")
```

```java
@Signed(selector = "demo", domain = "packtpub.com")
public String sign(String input) {
    System.out.println("Applying signature " + input);
    return "signed " + input;
}
```

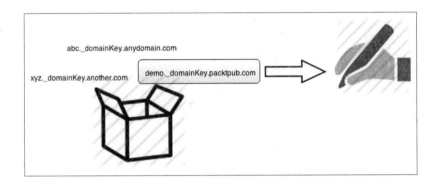

서명한 리소스의 경로는 @Path 애노테이션으로 정의한다.

```java
import javax.ws.rs.Consumes;
import javax.ws.rs.POST;
import javax.ws.rs.Path;

import org.jboss.resteasy.annotations.security.doseta.Signed;

@Path("/signed")
public class SignedService {
    ...
```

이제 어떤 서명을 적용할지 애플리케이션에 알려줄 차례다.

src/main/webapp 폴더 하위에 WEB-INF 폴더를 만들고 다음 web.xml 파일을 생성하자.

```xml
<?xml version="1.0" encoding="UTF-8"?>
<web-app version="3.0" xmlns="http://java.sun.com/xml/ns/javaee"
  xmlns:xsi="http://www.w3.org/2001/XMLSchema-instance"
  xsi:schemaLocation="http://java.sun.com/xml/ns/javaee
  http://java.sun.com/xml/ns/javaee/web-app_3_0.xsd">

  <display-name>signatures</display-name>

</web-app>
```

가장 먼저 애플리케이션에 알려줘야 할 것은, 서명할 리소스, 즉 서명할 메소
드가 포함된 클래스다. resteasy.resources 파라미터에 클래스 풀네임을 써
넣자.

```xml
<context-param>
  <param-name>resteasy.resources</param-name>
  <param-value>com.packtpub.resteasy.services.SignedResource</param-value>
</context-param>
```

그 다음, 서명할 때 쓸 키(앞에서 생성한 .jks 파일)의 위치를 지정해야 한다.
resteasy.doseta.keystore.classpath와 resteasy.keystore.filename 두 컨
텍스트 파라미터로 경로를 정의할 수 있는데, 우리는 전자를 사용하자.

```xml
<context-param>
  <param-name>resteasy.doseta.keystore.classpath</param-name>
  <param-value>demo.jks</param-value>
</context-param>
```

앞서 .jks 파일 생성 시 입력했던 패스워드를 애플리케이션도 알고 있어야 한다. 패스워드를 resteasy.doseta.keystore.password 파라미터의 값으로 적어 넣는다.

```
<context-param>
  <param-name>resteasy.doseta.keystore.password</param-name>
  <param-value>changeit</param-value>
</context-param>
```

메시지 서명 키를 추출할 키스토어 생성은 다음과 같이 설정한다.

```
<context-param>
  <param-name>resteasy.context.objects</param-name>
  <param-value>org.jboss.resteasy.security.doseta.KeyRepository :
    org.jboss.resteasy.security.doseta.ConfiguredDosetaKey
    Repository</param-value>
</context-param>
```

마지막으로 RESTEasy 서블릿을 추가한다.

```
<servlet>
  <servlet-name>Resteasy</servlet-name>
  <servlet-class>org.jboss.resteasy.plugins.server.servlet.
  HttpServletDispatcher</servlet-class>
</servlet>
<servlet-mapping>
  <servlet-name>Resteasy</servlet-name>
  <url-pattern>/*</url-pattern>
</servlet-mapping>
```

다음은 지금까지 나누어 살펴본 web.xml 파일의 전체 코드다.

```xml
<?xml version="1.0" encoding="UTF-8"?>
<web-app version="3.0" xmlns="http://java.sun.com/xml/ns/javaee"
  xmlns:xsi="http://www.w3.org/2001/XMLSchema-instance"
  xsi:schemaLocation="http://java.sun.com/xml/ns/javaee
  http://java.sun.com/xml/ns/javaee/web-app_3_0.xsd">
  <display-name>signatures</display-name>
  <context-param>
    <param-name>resteasy.resources</param-name>
    <param-value>com.packtpub.resteasy.services.SignedService</param-
    value>
  </context-param>
  <context-param>
    <param-name>resteasy.doseta.keystore.classpath</param-name>
    <param-value>demo.jks</param-value>
  </context-param>
  <context-param>
    <param-name>resteasy.doseta.keystore.password</param-name>
    <param-value>changeit</param-value>
  </context-param>
  <context-param>
    <param-name>resteasy.context.objects</param-name>
    <param-value>org.jboss.resteasy.security.doseta.KeyRepository :
    org.jboss.resteasy.security.doseta.ConfiguredDosetaKeyRepository</
    param-value>
  </context-param>
  <servlet>
    <servlet-name>Resteasy</servlet-name>
    <servlet-class>org.jboss.resteasy.plugins.server.servlet.HttpServlet
    Dispatcher</servlet-class>
  </servlet>
```

```
<servlet-mapping>

  <servlet-name>Resteasy</servlet-name>

  <url-pattern>/*</url-pattern>

</servlet-mapping>

</web-app>
```

메이븐으로 WAR 파일을 만들자.

mvn install

WAR 파일을 JBoss 배포 디렉터리[2]에 복사하면 배포가 완료된다.

기능 테스트

SoapUI 프로그램으로 웹 서비스를 테스트하자. 다음은 실행 결과다.

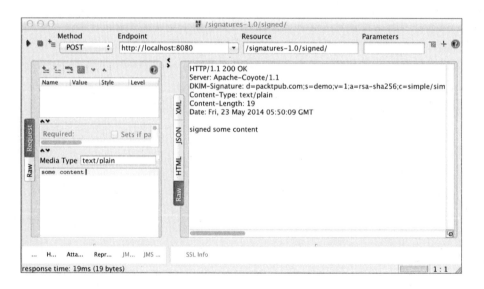

---

2 JBOSS_HOME/standalone/deployments – 옮긴이

응답 객체를 보면 메시지 서명 시 사용된 DKIM-Signature 헤더가 있고 전문은 다음과 같다.

```
DKIM-Signature: d=packtpub.com;s=demo;v=1;a=rsa-sha256;c=simple/simpl
e;bh=lc+ECoAqpQCB4ItWLUomBv34m3F9G0pkIBAI8Z/yWcQ=;b=AlJY6iiCtdCnHrJa+
Of9aRgBXeIp7V7cEG7eyUp0CRbD9wjFodbQGRQjhfwDgd1WIBzVLIWelTdI85BlGl3ACN
cMLBjPv2iBBjo+78e/9HcYs81YNlPRAAj6jzymA/+jkmpTVcthWaEEyoPJJBAI5FvP33z
H7etfkFaGX+bwer0=
```

긴 문자열에서 주목할 값은 다음 두 가지다.

- d= : 도메인

- a= : 메시지 서명에 사용된 알고리즘. 현재 RESTEasy는 RSA 알고리즘만 지원한다.

나머지는 서명된 메시지 자체에 관한 것들이므로 그다지 눈여겨볼 필요는 없다.

이제 서명을 인증/검증하는 클래스를 작성하자.

여기서는 JUnit을 사용할 것이다. 다음 코드를 pom.xml 파일에 넣어 의존성을 추가하자.

```xml
<dependency>
  <groupId>junit</groupId>
  <artifactId>junit</artifactId>
  <version>4.8.2</version>
  <scope>test</scope>
</dependency>
```

scr/test/java 폴더를 생성하고 하위에 com.packtpub.resteasy.services.test 패키지를 만든다. 여기에 SignedServiceTest 클래스를 코딩하자.

```java
import javax.ws.rs.client.Entity;
import javax.ws.rs.client.Invocation;
import javax.ws.rs.client.WebTarget;
import javax.ws.rs.core.Response;
import junit.framework.Assert;
import org.jboss.resteasy.client.jaxrs.ResteasyClient;
import org.jboss.resteasy.client.jaxrs.ResteasyClientBuilder;
import org.jboss.resteasy.security.doseta.DosetaKeyRepository;
import org.jboss.resteasy.security.doseta.Verification;
import org.jboss.resteasy.security.doseta.Verifier;
import org.junit.Test;


public class SignedServiceTest {

  @Test
  public void testVerification() {
    // 키 저장소
    DosetaKeyRepository repository = new DosetaKeyRepository();
    repository.setKeyStorePath("demo.jks");
    repository.setKeyStorePassword("changeit");
    repository.start();
    // 클라이언트 작성
    ResteasyClient client = new ResteasyClientBuilder().build();
    Verifier verifier = new Verifier();
    Verification verification = verifier.addNew();
    verification.setRepository(repository);
    WebTarget target = client.target("http://localhost:8080/
    signatures-1.0/signed");
    Invocation.Builder request = target.request();
    request.property(Verifier.class.getName(), verifier);
```

```java
    // RESTful 웹 서비스 호출
    Response response = request.post(Entity.text("Rene"));
    // 응답 코드 200이면 OK
    Assert.assertEquals(200, response.getStatus());
    System.out.println(response.readEntity(String.class));
    response.close();
    client.close();
  }
}
```

지금까지 별 문제가 없다면, JUnit으로 테스트를 실행했을 때 다음 그림처럼 성공을 나타내는 (녹색) 막대가 표시될 것이다.

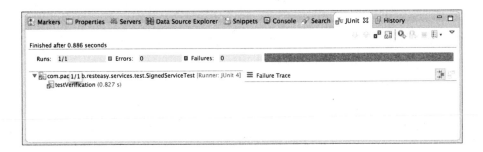

애노테이션을 이용한 디지털 서명 검증

애노테이션을 이용하면 리소스 서명 여부를 좀 더 간단히 검증할 수 있다. 이 방법은 검증할 서명 자체가 다수일 때 주로 사용된다.

예를 들어보자. 팩트 출판사의 직원들은 본인이 사용 중인 PC의 메모리를 늘리고 싶을 때 정책상 어떤 시스템에 따로 접속하여 증설 요청을 해야 한다. 증설 요청이 진짜인지는 당사자 본인에 의해 서명되었는지 여부를 확인하면 알 수 있다. 다음 그림에 간단히 나타낸 것처럼, 정상 서명된 요청만을 유효한 것으로 간주한다.

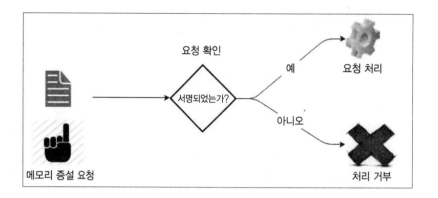

요청 확인

예   요청 처리

서명되었는가?

아니오

메모리 증설 요청

처리 거부

SignedService 클래스에 메소드 2개를 추가할 것이다. requestRam 메소드는
요청을 시스템으로 전송하는 역할을 한다.

```
@POST
@Path("ram")
@Signed(selector = "demo", domain = "packtpub.com")
@Consumes("text/plain")
public String requestRam(int numberOfGB) {
  return numberOfGB + "-GB";
}
```

실제 업무 요건에 따라 @Verify 애노테이션을 붙여 서명에 다른 제약을 가할
수도 있지만, 여기서는 단지 요청의 서명 여부에만 관심이 있다.

processRequestRam 메소드엔 직원들의 PC 메모리 증설 요청을 사장님이 승
인할 것인지, 거부할 것인지를 결정하는 온갖 복잡한 로직들이 들어간다.

```
@Verify
@POST
@Path("verifier")
@Produces("text/plain")
public String processRequestRam (String input) {
```

```
int numberOfGbRequested = Integer.valueOf(input.split("-")[0]);
if (numberOfGbRequested > 4) {
  return "deny";
} else {
  return "accepted";
}
}
```

여기까지 다 되었으면 JBoss에 배포하고 SoapUI로 테스트하자. 서버에 요청
전 서명을 완료해야 정상 처리될 것이다. 일단 시험 삼아 processRequestRam
메소드에 서명 없이 요청해보자. 실행 결과는 다음과 비슷할 것이다.

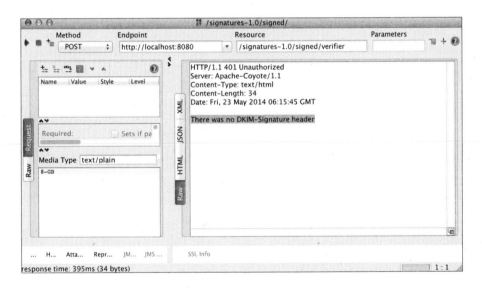

메모리 증설 요청이 접수되려면 우선 요청이 회사 도메인(여기서는 packtpub.
com)에서 와야 한다. 그런 연후에 사장님께서 엄격한 심사 기준에 의거하여
결재하실 것이다.

SignedService 클래스에 작성했었던 메소드를 모두 지우고 다시 작성해보자.

요청을 보내는 requestRAM 메소드는 다음과 같다.

```
@POST
@Signed(selector = "demo", domain = "packtpub.com")
@Consumes("text/plain")
public Response requestRAM(int numberOfGB) {
  return Response.seeOther(URI.create("/signed/" + "GB:" +
numberOfGB)).build();
}
```

그냥 실행하면 결과는 보나마나 에러다. 서명 검증에 필요한 정보가 헤더 (DKIM-Signature)에 없기 때문이다. 이 말은 요청 전에 서명을 하지 않았으니 헤더가 있을 리 만무하다는 뜻이다.

따라서 요청이 성공하려면 요청을 서명하는 웹 서비스를 먼저 호출 후, 서명 정보를 헤더에 붙여 processRequestRam 메소드를 재호출해야 한다.

다음과 같이 requestRam를 호출해보자.

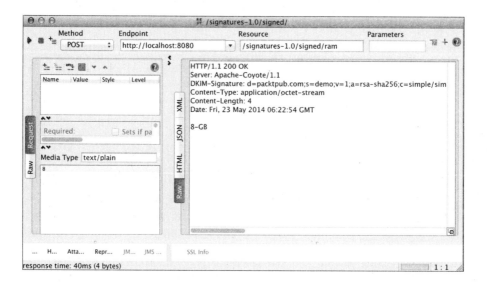

호출 결과, 다음과 같은 식의 문자열이 반환될 것이다.

```
DKIM-Signature: d=packtpub.com;s=demo;v=1;a=rsa-sha256;c=simple/si
mple;bh=uA6n2udZlWdx+ouwCEeeyM6Q48KH0EWa2MnfBwMP+vM=;b=T0drw9QWud7
rs1w//5384hs8GCatJKzmljIhgiTrHWdVx/IhCVl915yycchN+hQ+1jUaS6bPtLYo/
ZNspcv2LtAe/tKTPpng4RWlr52k0TqnV3XX2KvJ7kBOpEU2Rg6f61BOJT5v+o0iV05Oba
gfzKDfQ9o09WpZjQKcBG+/xvE=
```

```
RESPONSE: 8-GB
```

계속해보자! 이제 이 값으로 다시 SoapUI에서 processRequestRam을 호출하자. 그 전에 화면 좌측 하단부를 유심히 보면 Header라는 옵션이 있다. 이 옵션을 선택하고 + 기호를 클릭하자. 여기에 DKIM-Signature 헤더를 추가하고 좀 전에 반환된 문자열을 기입한다. 다음 그림에도 표시되어 있지만, POST 요청 역시 requestRam의 호출 결과 반환된 8-GB 그대로 기재해야 한다는 사실을 잊지 않길 바란다.

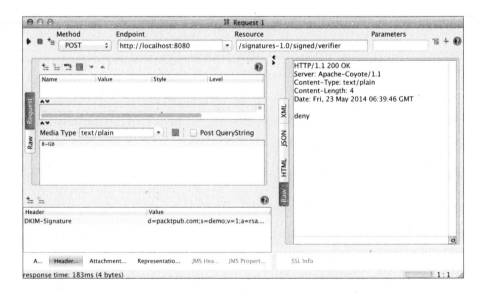

자, 성공적으로 접수는 되었는데, 사장님은 증설 요청을 거부하셨다.[3] 앞에서 디지털 서명된 정보는 최초 서명 이후 해당 정보가 도중 변조되지 않았음을 보장할 수 있다고 설명한 바 있다. 그럼 여기서 어떤 나쁜 의도를 가진 해커가 응답 객체를 가로채어 8-GB 대신 12-GB로 값을 바꾸었다고 상상해보자. 디지털 서명 이론이 정말 들어맞는지, SoapUI에서 변조된 요청을 전송하여 테스트해보자.

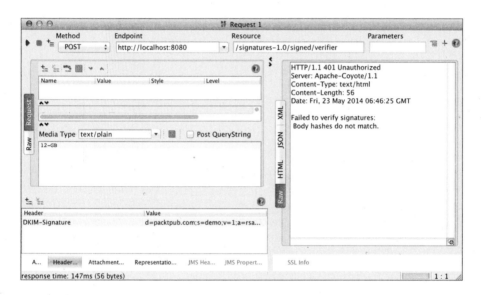

실행 결과 반환된 에러 메시지를 보니 메시지 본문이 변조되었음을 서버가 분명히 감지했다. 따라서 요청은 실행되지 않고 HTTP 401 Unauthorized 에러가 반환된다. 이것으로 서명된 메시지의 데이터 무결성은 증명되었다.

RESTEasy는 단순히 메시지 서명 여부 검증 외에 다른 기능도 갖고 있다. 이를테면 서명자가 특정 도메인에 소속된 사람인지 확인하고 싶을 때도 있을 것이다. 이번 예제에서는 오직 packtpub.com 도메인에 속한 직원만 메모리

---

3 processRequestRam 메소드의 로직에서 4GB 이상 메모리 증설 요청 시 무조건 거부하도록 되어있다. 이 책에서 저자 가 '사장님(boss)'이라는 표현을 쓰면서 마치 실제 사장님이 승인/거부를 하는 것처럼 말하고 있지만, 기술적으로는 이미 processRequestRam에 단순하게 구현된 처리 로직을 재미있게 의인화하고 빗대어 표현한 것이다. - 옮긴이

증설 요청을 할 수 있다. 이러한 추가 제약 조건은 다음과 같이 굵은 글꼴로 된 코드 한 줄만 추가하면 된다.

```java
@Verify(identifierName = "d", identifierValue = "packtpub.com")
@POST
@Path("verifier")
@Produces("text/plain")
public String processRequestRam(String input) {
  int numberOfGbRequested = Integer.valueOf(input.split("-")[0]);
  if (numberOfGbRequested > 4) {
    return "deny";
  } else {
    return "accepted";
  }
}
```

서버에 재배포 후 SoapUI로 테스트해보자.

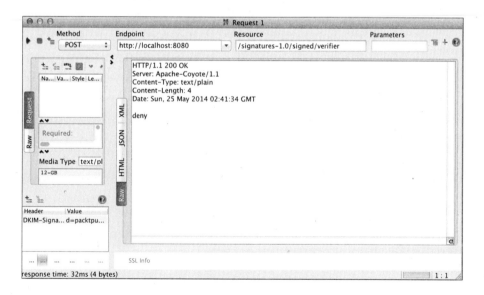

자, 여기서 packtpub.com을 itpacktpub.com로 도메인을 살짝 바꿔보자.

```java
@Verify(identifierName = "d", identifierValue = "itpacktpub.com")
@POST
@Path("verifier")
@Produces("text/plain")
public String processRequestRam(String input) {
  int numberOfGbRequested = Integer.valueOf(input.split("-")[0]);
  if (numberOfGbRequested > 4) {
    return "deny";
  } else {
    return "accepted";
  }
}
```

결과가 어떻게 달라지는지 재배포 후 확인하자.

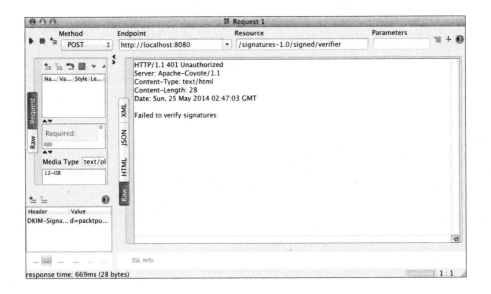

예상대로 결과는 실패다. itpacktpub.com 도메인의 서명자만을 인정하겠다

고 processRequestRam에 분명하게 기술했으니 메시지 서명 검증 실패는 당연하다.

이 시점에서 문득 d라는 식별자 값의 의미가 궁금해질 것이다. 앞에서 잠깐 언급했지만 d는 도메인을 나타낸다. RESTEasy 공식 문서[4]에 헤더 파라미터가 자세히 기술되어 있다. 필요한 부분만 발췌하면 다음과 같다.

DKIM-Signature 헤더값은 예를 들어 다음과 같다.

```
DKIM-Signature: v=1;
    a=rsa-sha256;
    d=example.com;
    s=burke;
    c=simple/simple;
    h=Content-Type;
    x=0023423111111;
    bh=2342322111;
    b=M232234=
```

보다시피 이름=값 쌍들은 세미콜론(;)에 의해 구분된다. 헤더 구조를 꼭 이해할 필요는 없겠지만, 각 파라미터에 대한 설명은 다음과 같다.

v: 프로토콜 버전. 항상 1이다.

a: 메시지 서명과 해시에 사용된 알고리즘. RSA와 SHA256이 각각 사용되었다. 해시는 현재 RESTEasy에서만 지원되는 알고리즘이다.

d: 서명자의 도메인. 서명자 신원을 확인하고 서명 검증에 필요한 공개키 확보를 위해 사용된다.

s: 도메인 셀렉터. 서명자 식별 및 공개키 확보에도 사용된다.

---

4 http://docs.jboss.org/resteasy/docs/3.0.6.Final/userguide/html/signature.html – 옮긴이

c: 기준(canonical) 알고리즘. 현재는 simple/simple밖에 지원되지 않는다. 해시 계산 전, 메시지 본문을 변환시키는 데 사용되는 기본적인 알고리즘이다.

h: 세미콜론으로 구분된 헤더 리스트. 서명 계산에 포함되어 있다.

x: 서명의 만료시각. 1970년 1월 1일부터 경과한 시간을 long 타입으로 초 단위 까지 표시한다. 메시지의 서명이 만료되었을 때 서명자가 이를 알 수 있다.

t: 서명 시각의 타임스태프. 1970년 1월 1일부터 경과한 시간을 long 타입으로 초 단위까지 표시한다. 메시지의 서명이 만료되었을 때 검증자가 이를 알 수 있다.

bh: 메시지 본문의 Base 64 인코딩 해시값

b: Base 64 인코딩된

만약 도메인이 아닌, 서명자를 확인하고 싶다면, 다음 코드처럼 식별자는 d 대신 s를, 그 값은 `packtpub.com`를 demo로 바꿔 쓸 수 있다.

```
@Verify(identifierName = "s", identifierValue = "demo")
@POST
@Path("verifier")
@Produces("text/plain")
public String processRequestRam(String input) {
  int numberOfGbRequested = Integer.valueOf(input.split("-")[0]);
  if (numberOfGbRequested > 4) {
    return "deny";
  } else {
    return "accepted";
  }
}
```

서명자와 도메인 모두 체크하고 싶다면? 이때엔 @Verifications라는 새로운 애노테이션으로 @Verify의 배열을 파라미터로 넘기면 된다. 다음 코드는 서명자가 demo인지, 도메인이 packtpub.com인지 모두 검증한다.

```
@Verifications({
@Verify(identifierName = "s", identifierValue = "demo"),
@Verify(identifierName = "d", identifierValue = "packtpub.com") })
@POST
@Path("verifier")
@Produces("text/plain")
public String processRequestRam(String input) {
  int numberOfGbRequested = Integer.valueOf(input.split("-")[0]);
  if (numberOfGbRequested > 4) {
    return "deny";
  } else {
    return "accepted";
  }
}
```

이렇게 바꾸고 SoapUI 테스트를 해보면 다음과 같이 성공할 것이다.

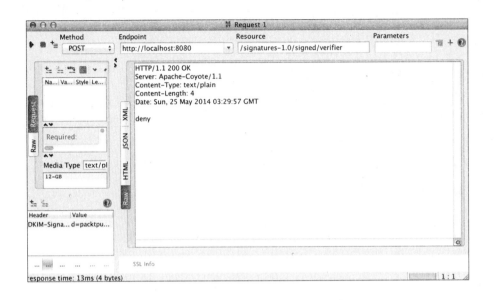

메시지 본문 암호화

4장에서 HTTP 메시지 전문을 HTTPS로 암호화하는 방법을 배웠다. 이번에는 메시지 본문만을 암호화하는 방법과 그 과정상의 차이점을, 간단한 예제를 구현/테스트하면서 살펴보겠다.

이전에 실습했던 프로젝트를 보존하기 위해 커맨드 창에 메이븐 명령어를 입력하여 프로젝트를 새로 만들자.

```
mvn archetype:generate -DgroupId=com.packtpub -DartifactId=encryption
-DarchetypeArtifactId=webapp-javaee6 -DarchetypeGroupId=org.codehaus.
mojo.archetypes
```

버전은 마찬가지로 1.0-SNAPSHOT를 1.0로 변경한다.

프로젝트를 이클립스로 임포트import하고 pom.xml 파일에 디폴트로 만들어진 의존성 코드를 모두 삭제한다. 그리고 다음 코드를 삽입하여 resteasy-jaxrs 와 resteasy-crypto, 두 아티팩트를 설정한다.

```xml
<dependencies>
  <dependency>
    <groupId>org.jboss.resteasy</groupId>
    <artifactId>resteasy-jaxrs</artifactId>
    <version>3.0.6.Final</version>
    <scope>provided</scope>
  </dependency>
  <dependency>
    <groupId>org.jboss.resteasy</groupId>
    <artifactId>resteasy-crypto</artifactId>
    <version>3.0.6.Final</version>
  </dependency>
</dependencies>
```

com.packtpub 패키지에 아주 간단한 기능의 EncryptedService 클래스를 작성한다.

```java
package com.packtpub;

import javax.ws.rs.GET;
import javax.ws.rs.Path;

@Path("/encrypted")
public class EncryptedService {

  @GET
  public String greeting() {
```

```
    return "Hello world";
  }
}
```

EncryptedApplication 클래스를 만들어 애플리케이션 서비스를 등록한다.

```java
package com.packtpub;

import java.util.HashSet;
import java.util.Set;

import javax.ws.rs.ApplicationPath;
import javax.ws.rs.core.Application;

@ApplicationPath("/services")
public class EncryptedApplication extends Application {

  private Set<Object> resources = new HashSet<Object>();

  public EncryptedApplication() throws Exception {
    resources.add(new EncryptedService());
  }


  @Override
  public Set<Object> getSingletons() {
    return resources;
  }
}
```

기능 테스트

여기까지 잘 따라왔다면 준비는 끝났다. 와이어샤크를 띄워놓고 SoapUI로 테스트해보면 다음 그림처럼 실행될 것이다.

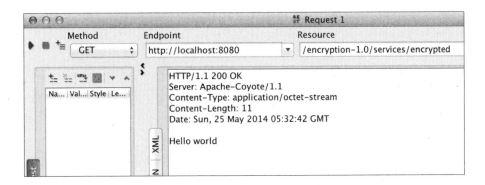

와이어샤크 화면이다.

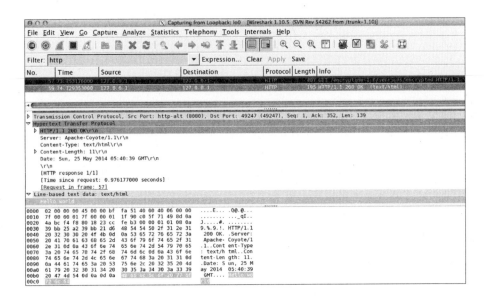

트래픽을 분석해보니 글자들이 있는 그대로 전송되어 쉽게 읽을 수 있다. 그렇다면 JBoss에 HTTPS를 적용하여 전체 메시지를 암호화하자.

HTTPS 적용

우선, 다음 명령어로 인증서 키스토어를 생성한다.

```
keytool -genkey -alias tomcat -keyalg RSA
```

패스워드는 이전과 똑같이 changeit이다.

JBOSS_HOME/standalone/configuration/standalone.xml 파일을 열어 <connector name="http"에 해당하는 부분을 찾아 하위에 다음 XML 코드를 추가한다.

```
<connector name="https" protocol="HTTP/1.1" scheme="https" socket-
binding="https" secure="true">
  <ssl/>
</connector>
```

서버 설정을 변경했으니 JBoss를 재기동 후 애플리케이션을 재배포하자. 요청 URL을 바꿔줘야 하는데, HTTPS 프로토콜의 기본 포트는 8443이므로 다음과 같다.

https://localhost:8443/encryption-1.0/services/encrypted

SoapUI로 테스트를 하면서 와이어샤크로 트래픽을 분석하면 다음과 같다.

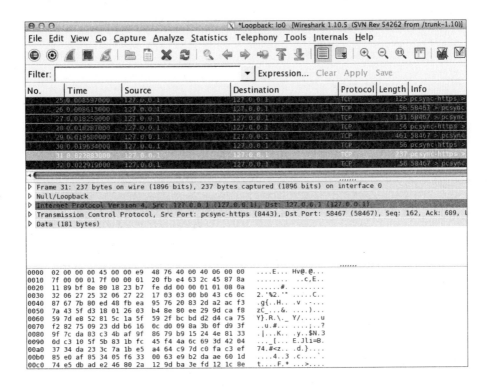

예상대로 모든 데이터가 암호화되었다.

방금 추가한 connector를 삭제해 JBoss의 HTTPS 기능을 끄자. 이제 S/MIME 프로토콜로 응답 메시지 본문만 암호화할 것이다. 그 전에 S/MIME이 대체 뭔지 알아보자.

S/MIME은 Secure MIME의 줄임말이다. MIME은 다용도 인터넷 메일 확장Multipurpose Internet Mail Extension의 약자로 "Hello world" 같은 단순 문자열 뿐만 아니라 비디오, 오디오 등 각종 형식의 데이터를 전송할 수 있게 해주는 표준 프로토콜이다. MIME은 SMTP, HTTP 같은 이메일 프로토콜에도 쓸 수 있기 때문에, RESTful S/MIME 웹 서비스가 가능하다. MIME은 다음과 같은 기능도 제공한다.

- 메시지 암호화

- 메시지 송신자의 신원 확인

- 메시지 무결성 검증

S/MIME에 인증서를 함께 사용하면 인증서에 메시지 송신자의 정보가 담긴
다. 수신자가 메시지를 수신하면 공개된 메시지의 일부를 읽고나서 키로 나
머지 메시지를 해독해 본문 전체를 읽을 수 있다. 더 자세한 내용은 http://
datatracker.ietf.org/wg/smime/charter/를 참고하자.

다시 프로젝트로 돌아가 src/main/resources 폴더를 생성하고 여기에 암호
화할 리소스를 넣는다.

그리고 커맨드 창에서 src/main/resources 폴더로 이동 후 다음 openssl
명령어로 인증서를 생성한다.

```
openssl req -x509 -nodes -days 365 -newkey rsa:1024 -keyout demokey.
pem -out democert.pem
```

인증서 생성 과정은 다음 그림을 참고하기 바란다.

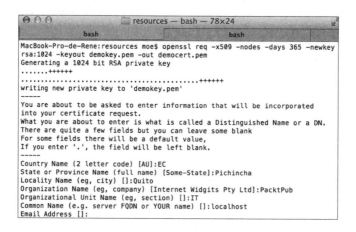

개인키 demokey.pem와 메시지 본문 암호화에 사용할 인증서 democert.
pem 파일이 각각 생성된다. RESTEasy는 서명된 응답을 EnvelopedOutput라
는 객체로 표현한다. 다음은 RESTEasy의 메시지 암호화 과정을 간략히 도식
화한 것이다.

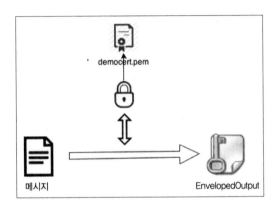

EncryptedService 클래스에서 greeting 메소드의 반환 타입을 이전의 단순
문자열("Hello world")에서 EnvelopedOutput 객체로 바꾸고 방금 전에 생성한
인증서로 메시지 본문을 암호화한다. 그냥 우선 다음 코드를 보는 것이 더 빠
를 것이다.

```
@GET
public EnvelopedOutput greeting() throws Exception {
    InputStream certPem = Thread.currentThread()
    .getContextClassLoader().getResourceAsStream("democert.pem");
    X509Certificate myX509Certificate = PemUtils.
    decodeCertificate(certPem);
    EnvelopedOutput output = new EnvelopedOutput("Hello world",
    MediaType.TEXT_PLAIN);
    output.setCertificate(myX509Certificate);
    return output;
}
```

pom.xml 파일도 dependencies 태그 내부를 다음과 같이 고친다.

```xml
<dependencies>
  <dependency>
    <groupId>junit</groupId>
    <artifactId>junit</artifactId>
    <version>4.8.1</version>
  </dependency>
  <dependency>
    <groupId>org.jboss.resteasy</groupId>
    <artifactId>resteasy-jaxrs</artifactId>
    <version>3.0.6.Final</version>
    <scope>provided</scope>
  </dependency>
  <dependency>
    <groupId>org.jboss.resteasy</groupId>
    <artifactId>resteasy-jaxb-provider</artifactId>
    <version>3.0.6.Final</version>
    <scope>provided</scope>
  </dependency>
  <dependency>
    <groupId>org.jboss.resteasy</groupId>
    <artifactId>resteasy-crypto</artifactId>
    <version>3.0.6.Final</version>
  </dependency>
</dependencies>
```

여기서 resteasy-jaxrs와 resteasy-jaxbprovider, 두 아티팩트의 scope값
이 변경되었다는 사실을 눈여겨보기 바란다. 메시지 암호화 시 클래스 중복을
피하려고 이렇게 한 것이다. 두 아티팩트는 JBoss 서버 내에 포함된 모듈이

므로 읽어들여야 한다고 명시해야 한다. 따라서 pom.xml 파일의 `maven-war-plugin` 태그도 다음과 같이 수정해야 한다.

```
<plugin>
  <groupId>org.apache.maven.plugins</groupId>
  <artifactId>maven-war-plugin</artifactId>
  <configuration>
    <failOnMissingWebXml>false</failOnMissingWebXml>
    <archive>
      <manifestEntries>
        <Dependencies>org.jboss.resteasy.resteasy-jaxb-providerexport,
org.jboss.resteasy.resteasy-jaxrsexport</Dependencies>
      </manifestEntries>
    </archive>
  </configuration>
</plugin>
```

JBoss AS 7는 모듈 기반의 애플리케이션 서버이므로 기본적으로 처음 기동 시 활성화하는 모듈이 몇 개 되지 않는다. 그래서 다른 모듈을 사용하려면 MANIFEST.MF 파일을 수정하든지, 아니면 jboss-deployment-structure.xml 파일을 별도로 만들어 의존 관계를 분명히 정해야 한다.

기능 테스트

자, 이제 SoapUI에서 URL을 http://localhost:8080/encryption-1.0/services/encrypted로 입력하고 테스트하자.

이번에는 다음 응답이 반환될 것이다.

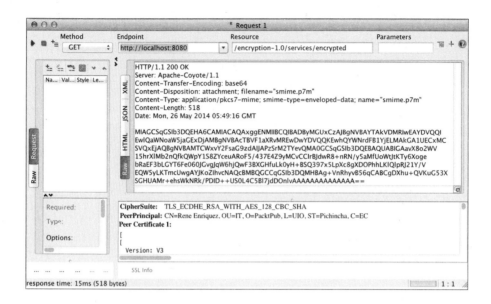

HTTP/1.1 200 OK
Server: Apache-Coyote/1.1
Content-Transfer-Encoding: base64
Content-Disposition: attachment; filename="smime.p7m"
Content-Type: application/pkcs7-mime; smime-type=enveloped-data; name="smime.p7m"
Content-Length: 518
Date: Mon, 26 May 2014 05:49:16 GMT

MIAGCSqGSIb3DQEHA6CAMIACAQAxggENMIIBCQIBADByMGUxCzAJBgNVBAYTAkVDMRIwEAYDVQQI
EwlQaWNoaW5jaGExEzARBgNVBACTBVF1aXRvMREwDwYDVQQKEwhQYWNrdFB1YjELMAkGA1UECxMC
SVQxEJAQBgNVBAMTCWxvY2FsaG9zdAIJAPzSrM2TYevQMA0GCSqGSIb3DQEBAQUABIGAavX8o2WV
15hrXlMb2nQfkQWpY1S8ZYceuARoF5/437E4Z9yMCvCClrBJdwR8+nRN/y5aMfUoWtJtKTy6Xoge
bRaEF3bLGYT6Fe060JGvgJqW6hjQwF3BXGHfuLk0yH+BSQ397x5LpXc8gXDOPhhLKlQlpRJ21Y/V
EQW5yLKTmcUwgAYJKoZIhvcNAQcBMBQGCCqGSIb3DQMHBAg+VnRhyvB56qCABCgDXhu+QVKuG53X
SGHUAMr+ehsWkNRk/PDID++US0L4C5Bl7jdDOnIvAAAAAAAAAAAAA==

CipherSuite: TLS_ECDHE_RSA_WITH_AES_128_CBC_SHA
PeerPrincipal: CN=Rene Enriquez, OU=IT, O=PacktPub, L=UIO, ST=Pichincha, C=EC
Peer Certificate 1:
[
[
    Version: V3

트래픽 분석을 해보면 다음과 같다.

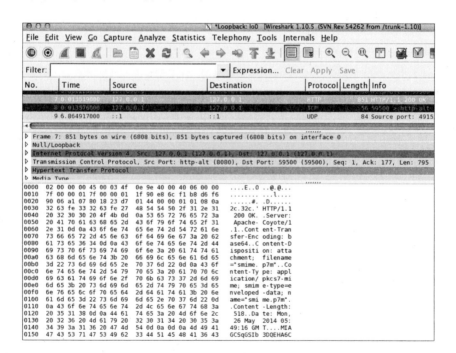

SoapUI에서의 응답과 아주 유사함을 알 수 있다. 내용을 복호화하려면 개인 키와 인증서가 필요한데, `EnvelopedInput` 객체를 추출하여 내부의 메시지를 얻기까지의 과정은 다음 그림과 같다.

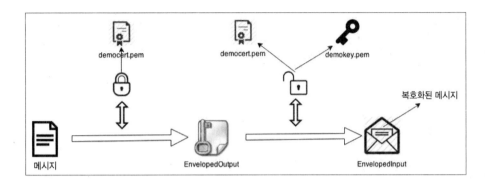

유닛 테스트를 통해 다시 한 번 검증해보자. 그러나 그 전에 꼭 언급하고 싶은 것은, S/MIME으로 메시지를 암호화할 때 헤더는 읽을 수 있지만 본문은 완전히 암호화되어 해독이 안 된다는 점이다. 따라서 개인키와 인증서 없이 메시지 본문은 절대 읽을 수 없다.

src/main/test 폴더를 새로 만들고 메시지 본문을 읽는 클래스를 작성해보자.

```
package com.packtpub;

import java.security.PrivateKey;
import java.security.cert.X509Certificate;

import javax.ws.rs.client.Client;
import javax.ws.rs.client.WebTarget;

import junit.framework.Assert;

import org.jboss.resteasy.client.jaxrs.ResteasyClientBuilder;
```

```java
import org.jboss.resteasy.security.PemUtils;
import org.jboss.resteasy.security.smime.EnvelopedInput;
import org.junit.Test;

public class EncryptedServiceTest {

  @Test
  public void testEncryptedGet() throws Exception {
    // 인증서를 읽어들임
    X509Certificate myX509Certificate =
    PemUtils.decodeCertificate(Thread.currentThread().
getContextClassLoader().getResourceAsStream("democert.pem"));
    // 키를 읽어들임
    PrivateKey myPrivateKey =
    PemUtils.decodePrivateKey(Thread.currentThread().
getContextClassLoader().getResourceAsStream("demokey.pem"));
    // 웹 서비스 클라이언트 생성
    Client client = new ResteasyClientBuilder().build();
    WebTarget target = client.target("http://localhost:8080/
encryption-
    1.0/services/encrypted");
    // 메소드 실행 결과 조회
    EnvelopedInput<?> input = target.request().get(EnvelopedInput.
class);
    Assert.assertEquals("Hello world", input.getEntity(String.class,
myPrivateKey, myX509Certificate));
    client.close();
  }
}
```

`Hello world` 같은 단순한 문자열조차 그 밖을 감싸고 있는 엔티티를 추출하여 해독하려면 반드시 개인키와 인증서가 필요함을 알 수 있다.

유닛 테스트를 실행했을 때 녹색 막대가 표시되면 잘 끝난 것이다. 개인키와 인증서를 이용하여 메시지를 해독했고 원하는 문자열을 정상 수신했다.

정리

5장에서는 디지털 서명에 대해 공부했고, 이 기술을 RESTful 웹 서비스에 어떻게 적용할 수 있는지 배웠다. 디지털 서명은 메시지 무결성, 즉 송신자가 수신자에게 메시지를 전달하기까지 정보가 변조되지 않음을 보장하므로 널리 사용된다. 실제로 메시지가 도중에 변조되는 과정을 설명했는데, 수신 데이터의 서명 여부만 확인해도 필요하다면 수신자는 뭔가 조치를 취할 수 있을 것이다. 이를테면 상대가 이상한 데이터를 가지고 고생하지 않도록 다시 한 번 요청을 보내는 식으로 말이다. 뒷부분에서는 메시지 본문 암호화를 다루었고 HTTPS와는 어떤 점에서 차이가 있는지 설명했다. 마지막으로 수신자가 키를 갖고 어떻게 메시지 본문을 해독해 적절히 필요에 따라 사용하는지 알아보았다.

찾아보기

ㄱ

감사 추적 88
개인식별번호 45
개인키 60, 163
개인키-공개키 60
고유 인자 45
기본(BASIC) 인증 44, 48

ㄷ

다이제스트(DIGEST) 인증 44, 54
대단위 70
디지털 서명 127, 128, 132

ㄹ

루프백 주소 52

ㅁ

마샬 30
매칭 전 118
매칭 후 118
메시지 본문 159
메시지 서명 130, 133, 149
메시지 암호화 129
메이븐 24, 25, 27, 97, 152
메이븐 저장소 25

ㅂ

밸브 111
보안 41
보안 도메인 49, 57, 61, 63

보안 스킴 43
보안 영역 58
보안 컨텍스트 86

ㅅ

서버 측 필터 117, 118
서블릿 컨텍스트 100
소단위 69, 70
소유 인자 45
소지자 토큰 인증 109
소프트웨어 토큰 45
스니퍼 43, 48
스탠드 얼론 모드 107
시도 응답 45
싱글톤 34

ㅇ

아키타입 25
아티팩트 25, 131, 160
액세스 토큰 91, 116
언마샬 30
역할 70
와이어샤크 48, 52, 59, 64, 88, 155, 156
응답 지연 48
이메일 공개키 127
이용 약관 66, 67
이클립스 24
인가 41, 42, 45, 69
인메모리 맵 캐시 32
인메모리 캐시 30

인증 41, 42, 45
인증서 60, 163
인증 영역 55
인증 헤더 55
인터셉터 117

ㅈ

재전송 공격 59
전송 계층 보안 47
접근 통제 46, 47, 73
정보보호수준(QOP, Quality Of Protection) 55
중간자 공격 113
중앙 인증 서버 94, 95
지식 인자 45

ㅋ

캡차 46
커넥터 61
커스텀 필터 91
컨테이너 요청 필터 118, 122
컨테이너 응답 필터 118
컨펌 메일 46
크리덴셜 43, 51, 72, 93, 116
클라우드 65
클라이언트 요청 필터 118
클라이언트 응답 필터 118
클라이언트 자격(CLIENT CERT) 인증 44
클라이언트 측 필터 117, 118
키스토어 98, 129

ㅌ

탬퍼링 47
텀블러 65
통합 개발 환경 24
트랜잭션 55
트위터 65

ㅍ

패스워드 45
패스프레이즈 45
페이스북 65
프로토콜 분석기 41, 42
플리커 65
플리커 앱 가든 66
피싱 54
필터 117

ㅎ

해시 54

A

ACCESS_DENIED 124, 125
ACCESS_FORBIDDEN 123
access token 91
AccessTokenResponse 114
annotation 30
API 키 65, 66
application/xml 33, 37
application/x-www-formurlencoded 114
artifactId 35

audit trail 88

authentication 41, 45

AUTHENTICATION_SCHEME 124

auth-method 57

authorization 41, 45

B

BASIC 58

BasicAuthentication 114

C

CA 60

captcha 46

challenge response 45

CLIENT-CERT 63

client_credentials 114

client-truststore.ts 99, 109

coarse-grained 70

CONFIDENTIAL 62

confirmation mail 46

connector 61

ContainerRequestFilter 123

custom filter 91

D

dependencies 160

DIGEST 57, 58

discstore 103, 115

DKIM 128

DKIM-Signature 139, 145, 149

DomainKeys Identified Mail 128

DOSETA 명세 128

E

Eclipse 24

Entity.form 114

EnvelopedInput 163

EnvelopedOutput 159

F

Facebook 65

filter 117

fine-grained 70

Flickr 65

flickr.photos.getRecent 67

FORM 57

FTP 47

G

grant_type 114

H

hash 54

HTTP DELETE 78, 79

HTTP GET 104

HttpHeaders.AUTHORIZATION 103, 114

HTTP POST 79

HTTPS 60, 88, 109, 152, 155, 156

HTTP 메소드 80

HTTP 요청/응답 52

I

IDE 24
in-memory cache 30
interceptor 117

J

JAAS(Java Authentication and Authorization
  Service) 44, 48, 73
JAVA_HOME 56
java:/jaas/domainDigest 58
JAXB 30
JAXB 애노테이션 30
JAX-RS 2.0 117
JBoss 24, 35, 48, 59, 93, 106, 107, 143, 161
jboss-deployment-structure.xml 115
jboss-web.xml 49, 58, 63, 105, 111
JUnit 139

K

KeyStore 98, 99, 102

L

latency 48
login-config 58
loopback address 52

M

marshal 30
Maven 24
maven-war-plugin 161

md5 해시 54

md5 해시 54
MITM(main-in-the-middle) 114
module.xml 131
mvn clean install 107
mvn install 138
mvn jboss-as:deploy 107
mvn jboss-as:redeploy 51, 59, 63
MyRestEasyApplication 34
my-roles.properties 62
my-users.properties 62

N

NNTP 47
nonce 55, 59

O

OAuth 65, 91, 92
OAuth 2.0 93, 94
oauth-client 97, 115
OauthClientTest 107
oauth-server 115
OAuth 클라이언트 96, 98, 100, 102
openssl 158
Open Web Application Security Project 77
OWASP 77, 78, 79

P

passphrase 45
phishing 54
PIN(personal identification number) 45

pluginManagement 27, 28

pom.xml 27, 35, 130, 139, 152, 160

post-matching 118

pre-matching 118

R

readEntity 103

reauthenticate 111

replay attack 59

ResourceMethodInvoker 123

RESTEasy 146, 149, 159

resteasy-oauth.json 105

RESTEasy 스켈레톤 키 91, 92, 93, 94

RESTful S/MIME 웹 서비스 157

RESTful 웹 서비스 23, 30, 44, 69, 127

RFC 2617 55, 56

role 70

RSA 139

S

scheme 43

Secure/Multipurpose Internet Mail Extensions
  127

SecurityContext 87

security-domain 57

security-domains 57

server.keystore 60

server.trutstore 60

ServletContext 101, 102

ServletContextListener 98

ServletOAuthClient 101, 102

singleton 34

S/MIME 127, 157, 163

SMTP 47

sniffer 43

SNS 92

SNS 플랫폼 65

SoapUI 24, 51, 63, 72, 79, 82, 138, 143, 147,
  163

software token 45

SPNEGO/Kerberos 59

SSL 설정 63

SSO 91, 110

SSO(Single Sign-On) 94

standalone.xml 61, 110, 111

T

tampering 47

TLS 47

TLS, Transport layer security 47

truststoreKS 99

truststorePath 109

Tumblr 65

Twitter 65

U

unmarshal 30

URL 패턴 76

user-data-constraint 62

V

valve 111

virtual—server 110

vmoptions.txt 63

W

webapp—javaee6 25

web.xml 29, 49, 57, 62, 70, 77, 81, 115, 134

X

X.509 47

XMPP 47

기호, 숫자

@Consumes 33

@DenyAll 85, 86, 123

@Path 32, 33

@PathParam 34

@PermitAll 86, 123

@Post 33

@PreMatching 118

@Produces 33, 104

@RolesAllowed 81, 86, 87, 125

@Signed 133

@Verifications 151

@Verify 142, 151

401 Gone 79

401 Unauthorized 71, 80, 146

403 Forbidden 71

 에이콘출판의 기틀을 마련하신 故 정완재 선생님 (1935-2004)

acorn+PACKT Technical Book 시리즈

BackTrack 4 한국어판

Android User Interface Development 한국어판

Nginx HTTP Server 한국어판

BackTrack 5 Wireless Penetration Testing 한국어판

Flash Game Development by Example 한국어판

Node Web Development 한국어판

XNA 4.0 Game Development by Example 한국어판

Away3D 3.6 Essentials 한국어판

Unity 3 Game Development Hotshot 한국어판

HTML5 Multimedia Development Cookbook 한국어판

jQuery UI 1.8 한국어판

jQuery Mobile First Look 한국어판

Play Framework Cookbook 한국어판

PhoneGap 한국어판

Cocos2d for iPhone 한국어판

OGRE 3D 한국어판

Android Application Testing Guide 한국어판

OpenCV 2 Computer Vision Application Programming
Cookbook 한국어판

Unity 3.x Game Development Essentials 한국어판

Ext JS 4 First Look 한국어판

iPhone JavaScript Cookbook 한국어판

Facebook Graph API Development with Flash 한국어판

CryENGINE 3 Cookbook 한국어판

워드프레스 사이트 제작과 플러그인 활용

반응형 웹 디자인

타이타늄 모바일 앱 프로그래밍

안드로이드 NDK 프로그래밍

코코스2d 게임 프로그래밍

WebGL 3D 프로그래밍

MongoDB NoSQL로 구축하는 PHP 웹 애플리케이션

언리얼 게임 엔진 UDK3

코로나 SDK 모바일 게임 프로그래밍

HBase 클러스터 구축과 관리

언리얼스크립트 게임 프로그래밍

카산드라 따라잡기

엔진엑스로 운용하는 효율적인 웹사이트

컨스트럭트 게임 툴로 따라하는 게임 개발 입문

하둡 맵리듀스 프로그래밍

RStudio 따라잡기

웹 디자이너를 위한 손쉬운 제이쿼리

센차터치 프로그래밍

노드 프로그래밍

게임샐러드로 코드 한 줄 없이 게임 만들기

안드로이드 데이터베이스 프로그래밍

아이폰 위치 기반 애플리케이션 개발

마이바티스를 사용한 자바 퍼시스턴스 개발

Moodle 2.0 이러닝 강좌 개발

티샤크를 활용한 네트워크 트래픽 분석

Ext JS 반응형 웹 애플리케이션 개발

아파치 톰캣 7 따라잡기

제이쿼리 툴즈 UI 라이브러리

코코스2d-x 모바일 2D 게임 개발

노드로 하는 웹 앱 테스트 자동화

하둡과 빅데이터 분석 실무

아이폰 애플리케이션 성능 튜닝

JBoss 인피니스팬 따라잡기

이클립스 4 플러그인 개발

JBoss AS 7 따라잡기

자바 7의 새로운 기능

코드이그나이터 MVC 프로그래밍

마리아DB 따라잡기

오파 웹 애플리케이션 개발

익스프레스 프레임워크로 하는 노드 웹 앱 프로그래밍

JBoss AS 7 애플리케이션 개발	Unity로 하는 2D 게임 개발
Android Studio Application Development 한국어판	언리얼 UDK 게임 디자인
이클립스 Juno 따라잡기	모의 해킹을 위한 메타스플로잇
Selenium 웹드라이버 테스트 자동화	오픈플로우를 활용한 SDN 입문
R과 Shiny 패키지를 활용한 웹 애플리케이션 개발	Pig를 이용한 빅데이터 처리 패턴
자바스크립트로 하는 유니티 게임 프로그래밍	R을 활용한 기계 학습
Jersey 2.0으로 개발하는 RESTful 웹 서비스	네트워크 검색과 보안 진단을 위한 Nmap 6
Python Design Patterns	아파치 Mahout 프로그래밍
Kali Linux 실전 활용	시스템 관리자를 위한 Puppet 3
Building Machine Learning Systems with Python 한국어판	게임 데이터 분석
JavaScript Testing	유니티 4 게임 프로그래밍
유니티 NGUI 게임 개발	Splunk 구현 기술
Sublime Text 따라잡기	실전 예제로 배우는 반응형 웹 디자인
Hudson 3 설치와 운용	R 통계 프로그래밍 입문
Git을 이용한 버전 관리	Hadoop과 Solr를 이용한 기업용 검색 시스템 구축
유니티 Shader Effect 제작	3D 프린팅을 위한 구글 스케치업
아파치 Solr 4 구축과 관리	모바일 게임 디자인과 개발 가이드
Emgu CV와 테서렉트 OCR로 하는 컴퓨터 비전 프로그래밍	RESTful 자바 패턴과 실전 응용
언리얼 UDK 게임 개발	HTML5 웹소켓 프로그래밍
Cuckoo 샌드박스를 활용한 악성코드 분석	Hadoop 보안
Laravel 웹 애플리케이션 개발	Yocto 프로젝트를 활용한 임베디드 리눅스 개발
아파치 Kafka 따라잡기	jQuery로 만드는 모바일 & 웹 게임
C#으로 하는 유니티 게임 개발	Spark로 하는 고속 빅데이터 분석과 처리
Storm 실시간 빅데이터 분석 플랫폼	matplotlib을 이용한 데이터 시각화 프로그래밍
FTK를 이용한 컴퓨터 포렌식	Boost C++ 애플리케이션 개발
AngularJS로 하는 웹 애플리케이션 개발	반응형 안드로이드 앱 UI 개발
하둡 맵리듀스 최적화와 튜닝	파이썬을 활용한 네트워크 프로그래밍
BackBox를 활용한 침투 테스트와 모의 해킹	jQuery Mobile로 하는 모바일 웹 개발
D3.js를 이용한 데이터 시각화	Neutron 오픈스택 네트워킹
배시 셸로 완성하는 모의 해킹 기술	Gerrit 코드 리뷰
HTML5 데이터 처리와 구현	아파치 Storm을 이용한 분산 실시간 빅데이터 처리
안드로이드 음성 인식 애플리케이션 개발	유니티 게임 AI 프로그래밍

이클립스 환경에서의 안드로이드 프로그래밍

Jasmine 자바스크립트 테스팅

RabbitMQ 따라잡기

R을 활용한 바이오인포매틱스

아파치 Camel 따라잡기

고급 이클립스 플러그인 개발

OpenCV 프로그래밍

자바 개발자를 위한 스칼라 프로그래밍

Ansible 설정 관리

유니티 2D 게임 만들기

RESTful 자바 웹 서비스 보안

RESTful 자바 웹 서비스 보안

레스트풀 자바 애플리케이션의 보안 취약점과 방어 기술

인　쇄 | 2015년 5월 21일
발　행 | 2015년 5월 29일

지은이 | 르네 엔리케, 안드레 살라자르
옮긴이 | 이 일 웅

펴낸이 | 권 성 준
엮은이 | 김 희 정
　　　　오 원 영
표지 디자인 | 한국어판_이승미
본문 디자인 | 선우숙영

인　쇄 | 한일미디어
용　지 | 다올페이퍼

에이콘출판주식회사
경기도 의왕시 계원대학로 38 (내손동 757-3) (437-836)
전화 02-2653-7600, 팩스 02-2653-0433
www.acornpub.co.kr / editor@acornpub.co.kr

한국어판 ⓒ 에이콘출판주식회사, 2015, Printed in Korea.
ISBN 978-89-6077-719-4
ISBN 978-89-6077-210-6 (세트)
http://www.acornpub.co.kr/book/restful-java-web-security

이 도서의 국립중앙도서관 출판시도서목록(CIP)은 서지정보유통지원시스템 홈페이지(http://seoji.nl.go.kr)와
국가자료공동목록시스템(http://www.nl.go.kr/kolisnet)에서 이용하실 수 있습니다.(CIP제어번호: CIP2015014346)

책값은 뒤표지에 있습니다.